新版《列国志》编辑委员会

列国志
GUIDE TO
THE WORLD
NATIONS
新版

赵少峰
编著

NAURU

瑙鲁

社会科学文献出版社
SOCIAL SCIENCES ACADEMIC PRESS (CHINA)

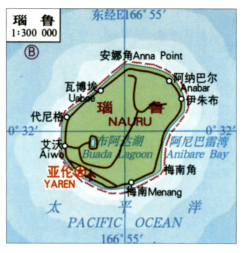

瑙鲁行政区划图

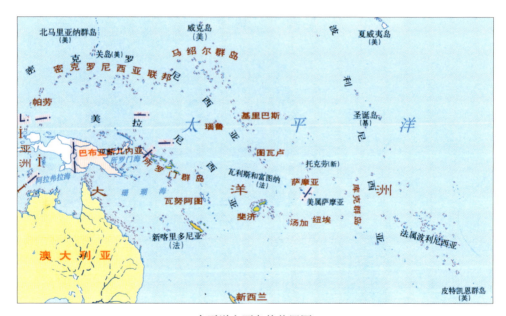

太平洋主要岛屿位置图

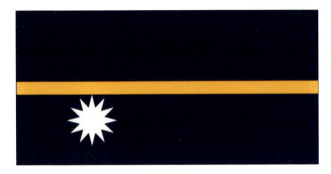

瑙鲁国旗

瑙鲁国徽

政府办公大楼（孙健　摄）

机场候机楼（孙健　摄）

废弃的磷酸盐装运悬臂梁（孙健　摄）

带缆艇（孙健　摄）

港口办公区（孙健 摄）

港口仓库（孙健 摄）

堪佩里购物中心（孙健　摄）

宾馆（孙健　摄）

民居后用于收集雨水的水箱（孙健　摄）

磷酸盐矿开采过后的景象（太平洋岛国贸易与投资专员署　供图）

二战遗址（太平洋岛国贸易与投资专员署　供图）

二战遗留武器（太平洋岛国贸易与投资专员署　供图）

瑙鲁发行的邮票（赵少峰　摄）

出版说明

　　《列国志》编撰出版工作自 1999 年正式启动，截至目前，已出版 144 卷，涵盖世界五大洲 163 个国家和国际组织，成为中国出版史上第一套百科全书式的大型国际知识参考书。该套丛书自出版以来，受到社会各界的广泛好评，被誉为"21 世纪的《海国图志》"，中国人了解外部世界的全景式"窗口"。

　　这项凝聚着近千学人、出版人心血与期盼的工程，前后历时十多年，作为此项工作的组织实施者，我们为这煌煌 144 卷《列国志》的出版深感欣慰。与此同时，我们也深刻认识到当今国际形势风云变幻，国家发展日新月异，人们了解世界各国最新动态的需要也更为迫切。鉴于此，为使《列国志》丛书能够不断补充最新资料，更好地服务于社会各界，我们决定启动新版《列国志》编撰出版工作。

　　与已出版的 144 卷《列国志》相比，新版《列国志》无论是形式还是内容都有新的调整。国际组织卷次将单独作为一个系列编撰出版，原来合并出版的国家将独立成书，而之前尚未出版的国家都将增补齐全。新版《列国志》的封面设计、版面设计更加新颖，力求带给读者更好的阅读享受。内容上的调整主要体现在数据的更新、最新情况的增补以及章节设置的变化等方面，目的在于进一步加强该套丛书将基础研究和应用对策研究相结合，将基础研究成果应用于实践的特色。例如，增加了各国有关资源开发、环境治理的内容；特设"社会"一章，介绍各国的国民生活情况、社会管理经验以及存在的社会问题，等等；增设"大事纪年"，方便读者在短时间内熟悉各国的发展线索；增设"索引"，便于读者根据人名、地名、关键词查找所需相关信息。

顺应时代发展的要求，新版《列国志》将以纸质书为基础，全面整合国别国际问题研究资源，构建列国志数据库。这是《列国志》在新时期发展的一个重大突破，由此形成的国别国际问题研究资讯平台，必将更好地服务于中央和地方政府部门，应对日益繁杂的国际事务的决策需要，促进国别国际问题研究领域的学术交流，拓宽中国民众的国际视野。

新版《列国志》的编撰出版工作得到了各方的支持：国家主管部门高度重视，将其列入国家十二五重点出版规划项目；中国社会科学院将其列为创新工程学术出版资助项目，王伟光院长亲自担任编辑委员会主任，指导相关工作的开展；国内各高校和研究机构鼎力相助，国别国际问题研究领域的知名学者相继加入编辑委员会，提供优质的学术咨询与指导。相信在各方的通力合作之下，新版《列国志》必将更上一层楼，以崭新的面貌呈现给读者，在中国改革开放的新征程中更好地发挥其作为"知识向导"、"资政参考"和"文化桥梁"的作用！

新版《列国志》编辑委员会

2013 年 9 月

前　言

自 1840 年前后中国被迫开关、步入世界以来，对外国舆地政情的了解即应时而起。还在第一次鸦片战争期间，受林则徐之托，1842 年魏源编辑刊刻了近代中国首部介绍当时世界主要国家舆地政情的大型志书《海国图志》。林、魏之目的是为长期生活在闭关锁国之中、对外部世界知之甚少的国人"睁眼看世界"，提供一部基本的参考资料，尤其是让当时中国的各级统治者知道"天朝上国"之外的天地，学习西方的科学技术，"师夷之长技以制夷"。这部著作，在当时乃至其后相当长一段时间内，产生过巨大影响，对国人了解外部世界起到了积极的作用。

自那时起，中国认识世界、融入世界的步伐就再也没有停止过。中华人民共和国成立以后，尤其是 1978 年改革开放以来，中国更以积极主动的自信自强的姿态，加速融入世界的步伐。与之相适应，不同时期先后出版过相当数量的不同层次的有关国际问题、列国政情、异域风俗等方面的著作，数量之多，可谓汗牛充栋。它们对时人了解外部世界起到了积极的作用。

当今世界，资本与现代科技正以前所未有的速度与广度在国际间流动和传播，"全球化"浪潮席卷世界各地，极大地影响着世界历史进程，对中国的发展也产生极其深刻的影响。面临不同于以往的"大变局"，中国已经并将继续以更开放的姿态、更快的步伐全面步入世界，迎接时代的挑战。不同的是，我们所面临的已不是林则徐、魏源时代要不要"睁眼看世界"、要不要"开放"的问题，而是在新的历史条件下，在新的世界发展大势下，如何更好地步入世界，如何在融入世界的进程中更好地维护民族国家的主权与独立，积极参与国际事务，为维护世界和平，促进世界与人类共同发展做出贡献。这就要求我们对外部世界有比以往更深切、更全面的了解，我们只有更全面、更深入地了解世界，才能在更高的层次上融入世界，也才能在融入世界的进程中不迷失方向，保持自我。

与此时代要求相比，已有的种种有关介绍、论述各国史地政情的著述，无论从规模还是内容来看，已远远不能适应我们了解外部世界的要求。人们期盼有更新颖、更系统、更权威的著作问世。

中国社会科学院作为国家哲学社会科学的最高研究机构和国际问题综合研究中心，有 11 个专门研究国际问题和外国问题的研究所，学科门类齐全，研究力量雄厚，有能力也有责任担当这一重任。早在 20 世纪 90 年代初，中国社会科学院的领导和中国社会科学出版社就提出编撰"简明国际百科全书"的设想。1993 年 3 月 11 日，时任中国社会科学院院长的胡绳先生在科研局的一份报告上批示："我想，国际片各所可考虑出一套列国志，体例类似几年前出的《简明中国百科全书》，以一国（美、日、英、法等）或几个国家（北欧各国、印支各国）为一册，请考虑可行否。"

中国社会科学院科研局根据胡绳院长的批示，在调查研究的基础上，于 1994 年 2 月 28 日发出《关于编纂〈简明国际百科全书〉和〈列国志〉立项的通报》。《列国志》和《简明国际百科全书》一起被列为中国社会科学院重点项目。按照当时的计划，首先编写《简明国际百科全书》，待这一项目完成后，再着手编写《列国志》。

1998 年，率先完成《简明国际百科全书》有关卷编写任务的研究所开始了《列国志》的编写工作。随后，其他研究所也陆续启动这一项目。为了保证《列国志》这套大型丛书的高质量，科研局和社会科学文献出版社于 1999 年 1 月 27 日召开国际学科片各研究所及世界历史研究所负责人会议，讨论了这套大型丛书的编写大纲及基本要求。根据会议精神，科研局随后印发了《关于〈列国志〉编写工作有关事项的通知》，陆续为启动项目拨付研究经费。

为了加强《列国志》项目编撰出版工作的组织协调，根据时任中国社会科学院院长的李铁映同志的提议，2002 年 8 月，成立了由分管国际学科片的陈佳贵副院长为主任的《列国志》编辑委员会。编委会成员包括国际片各研究所、科研局、研究生院及社会科学文献出版社等部门的主要领导及有关同志。科研局和社会科学文献出版社组成《列国志》项目工作组，社会科学文献出版社成立了《列国志》工作室。同年，《列国志》项目被批准为中国社会科学院重大课题，新闻出版总署将《列国志》项目列入国家重点图书出版计划。

在《列国志》编辑委员会的领导下，《列国志》各承担单位尤其是各位学者加快了编撰进度。作为一项大型研究项目和大型丛书，编委会对《列国志》提出的基本要求是：资料翔实、准确、最新，文笔流畅，学术性和可读性兼备。《列国志》之所以强调学术性，是因为这套丛书不是一般的"手册""概览"，而是在尽可能吸收前人成果的基础上，体现专家学者们的研究所得和个人见解。正因为如此，《列国志》在强调基本要求的同时，本着文责自负的原则，没有对各卷的具体内容及学术观点强行统一。应当指出，参加这一浩繁工程的，除了中国社会科学院的专业科研人员以外，还有院外的一些在该领域颇有研究的专家学者。

现在凝聚着数百位专家学者心血，共计 141 卷，涵盖了当今世界 151 个国家和地区以及数十个主要国际组织的《列国志》丛书，将陆续出版与广大读者见面。我们希望这样一套大型丛书，能为各级干部了解、认识当代世界各国及主要国际组织的情况，了解世界发展趋势，把握时代发展脉络，提供有益的帮助；希望它能成为我国外交外事工作者、国际经贸企业及日渐增多的广大出国公民和旅游者走向世界的忠实"向导"，引领其步入更广阔的世界；希望它在帮助中国人民认识世界的同时，也能够架起世界各国人民认识中国的一座"桥梁"，一座中国走向世界、世界走向中国的"桥梁"。

《列国志》编辑委员会
2003 年 6 月

序

于洪君[*]

　　太平洋岛国地处太平洋深处，主要指分布在大洋洲除澳大利亚和新西兰以外的 20 余个国家和地区。太平洋岛国历史悠久，早在公元前 8000 年前就有人类居住。在近代西方入侵之前，太平洋岛国大多处于原始社会时期。随着西方殖民者不断入侵，太平洋岛国相继沦为殖民地。二战结束后，这一区域主要实行托管制，非殖民化运动在各国随即展开。从 1962 年萨摩亚独立至今，该地区已有 14 个国家获得独立，分别是萨摩亚、库克群岛、瑙鲁、汤加、斐济、纽埃、巴布亚新几内亚、所罗门群岛、图瓦卢、基里巴斯、瓦努阿图、马绍尔群岛、密克罗尼西亚联邦和帕劳。

　　太平洋岛国所在区域战略位置重要。西北与东南亚相邻，西连澳大利亚，东靠美洲，向南越过新西兰与南极大陆相望。该区域还连接着太平洋和印度洋，扼守美洲至亚洲的太平洋运输线，占据北半球通往南半球乃至南极的国际海运航线，是东西、南北两大战略通道的交汇处。不仅如此，太平洋岛国和地区还拥有 2000 多万平方公里的海洋专属区，海洋资源与矿产资源丰富，盛产铜、镍、

---

* 原中国驻乌兹别克斯坦大使、中共中央对外联络部原副部长、全国政协外事委员会委员、中国人民争取和平与裁军协会副会长、聊城大学太平洋岛国研究中心名誉主任。

金、铝矾土、铬等金属和稀土，海底蕴藏着丰富的天然气和石油。近年来，该区域已经成为世界各大国和新兴国家战略博弈的竞技场。

太平洋岛国也是"21 世纪海上丝绸之路"的自然延伸和亚太一体化的重要组成部分。中国同太平洋岛国的传统友谊和文化交往源远流长，早在 19 世纪中期就有华人远涉重洋移居太平洋岛国，参与了这一地区的开发。近年来，中国与太平洋岛国的合作日渐加强，在政治、经济、文化、教育等领域都取得丰硕成果。目前，中国在南太平洋地区拥有最大规模的外交使团。同时，中国在经济上也成为该地区继澳大利亚和美国之后的第三大援助国，并设立了"中国－太平洋岛国论坛"、"中国－太平洋岛国经济技术合作论坛"等对话沟通平台。2014 年 11 月，中国国家主席习近平在斐济与太平洋建交岛国领导人举行集体会晤，一致决定构建相互尊重、共同发展的战略合作伙伴关系，携手共筑命运共同体，为中国与太平洋岛国关系掀开历史新篇章。

由于太平洋岛国地少人稀，且长期远离国际冲突热点，处于世界事务的边缘，因而在相当长一段时期被视为"太平洋最偏僻的地区"。中国的地区国别研究长时期以来主要聚焦于近邻国家，加之资料有限，人才不足，信息沟通偏弱，对太平洋岛国关注度较低，因此国内学界对此区域总体上了解不多，研究成果比较匮乏。而美、英、澳、新等西方学者因涉足较早，涉猎较广，且有充足的资金与先进的手段作支撑，取得了不菲的成果，但这些成果多出于西方国家的全球战略及本国利益的需要，其立场与观点均带有浓厚的西方色彩，难以完全为我所用。

近年来，随着中国融入世界的步伐不断加快，国际地位显著提高，中国在全球的利益分布日趋广泛。与越来越多的国家和地区进行友好交往并扩大互利合作，是日渐崛起的中国进一步参与全球化进程，开展中国特色大国外交的客观要求，也是包括太平洋岛国在内的国际社会对中国的殷切期待。更全面更深入的地区研究，必将为中国进一步发挥国际影响力，大步走向世界舞台中心提供强有力的支持。2011年11月，教育部向各高校下发《关于培育区域和国别以及国际教育研究基地的通知》和《高等学校哲学社会科学"走出去"计划》，希望建设一批既具有专业优势又能产生重要影响的智囊团和思想库。中共中央政治局委员、国务院副总理刘延东也多次提及国别研究立项和"民间智库"问题，鼓励有条件的大学新设国别研究机构。

在这种形势下，聊城大学审时度势，结合国家战略急需、区域经济社会发展需求及自身条件，在历史文化与旅游学院"南太平洋岛国研究所"的基础上，整合世界史、外国语、国际政治等全校相关学科资源，于2012年9月成立了"聊城大学太平洋岛国研究中心"。中心聘请中国现代国际关系研究院副院长、中央电视台国际问题顾问、博士生导师李绍先研究员等为兼职教授。著名世界史学家、国家级教学名师王玮教授担任中心首席专家。密克罗尼西亚联邦驻华大使苏赛亚等多位太平洋岛国驻华外交官被聘为中心荣誉学术顾问。在有关各方的大力支持下，中心以太平洋岛国历史与社会形态、对外关系、政情政制、经贸旅游等为研究重点，致力于打造太平洋岛国研究领域具有专业优势和重要影响的国家智库，力图为国家和地方与太平洋岛国进行政治、经济、社会、文化等领域的交流与合作，增进中国和太平洋岛国人民之间的了解和友谊提供智力支撑和学术支持，为国内的太平洋岛国研究提供学术交流与互动的平台。

中心建立以来，已取得一系列可喜成绩。目前中心已建成国内最齐全、图书数量达 3000 余册的太平洋岛国研究资料中心和数据库，并创建国内首个以太平洋岛国研究为主题的学术网站及微信公众号；定期编印《太平洋岛国研究通讯》，并向国家有关部门提交研究报告；在研省部级以上课题 8 项。2014 年，中心成功举办了国内首届"太平洋岛国研究高层论坛"，论坛被评为"山东社科论坛十佳研讨会"，与会学者提交的 20 余篇优秀论文辑为《太平洋岛国的历史与现实》，由山东大学出版社于 2014 年 12 月正式出版。《太平洋学报》2014 年第 11 期刊载了中心研究人员的 12 篇学术论文，澳大利亚《太平洋历史杂志》（*The Journal of Pacific History*）对中心学者及其研究成果进行了介绍。这表明，太平洋岛国研究中心的研究开始引起国内外学术界的关注。

中心成立伊始，负责人陈德正教授就提出了编撰太平洋岛国丛书的设想，并组织了编撰队伍，由吕桂霞教授拟定了编撰体例，李增洪教授、王作成博士等也做了不少编务工作。在丛书编撰过程中，适逢社会科学文献出版社承担的中国社会科学院创新工程学术出版资助项目、"十二五"国家重点图书出版规划项目——新版《列国志》编撰出版工作启动。考虑到《列国志》丛书所拥有的品牌影响力和社会美誉度，研究中心积极申请参与新版《列国志》编撰出版工作。在社会科学文献出版社谢寿光社长、人文分社宋月华社长的大力支持下，中心人员编撰的太平洋岛国诸卷得以列入新版《列国志》丛书，给中心以极大的鼓舞和激励。为了使中心人员编撰的太平洋岛国诸卷更加符合新版《列国志》的编撰要求，人文分社总编辑张晓莉女士在编撰体例调整方面给予了诸多帮助。

在此一并致谢。

　　因其特殊的地缘特征，太平洋岛国战略价值的重要性毋庸置疑，同时，在中国建设"21世纪海上丝绸之路"的过程中，作为中国大周边外交格局一分子的太平洋岛国的重要性也不言而喻。新版《列国志》太平洋岛国诸卷的出版，不仅可填补国内在太平洋岛国研究领域的空白，同时也为我国涉外机构、高等院校、科研机构及出境旅行人员提供一套学术性、知识性、实用性、普及性兼顾的有关太平洋岛国的图书。一书在手，即可明了对国人而言充满神秘色彩的太平洋诸岛国的历史、民族、宗教、政治、经济以及外交等基本情况。聊城大学太平洋岛国研究中心也将以新版《列国志》太平洋岛国诸卷的出版为契机，将太平洋岛国研究逐步推向深入。

CONTENTS

目 录

CONTENTS

目 录

CONTENTS

目　录

CONTENTS

目 录

CONTENTS

目　录

CONTENTS

目 录

CONTENTS

目 录

CONTENTS
目　录

CONTENTS

目 录

第一章

概　览

瑠鲁在澳大利亚的东北方向，位于南太平洋地区的一个珊瑚环礁岛上，是世界上最小的岛国。该国属于南太平洋三个次区域中的密克罗尼西亚群岛，在文化特征上与帕劳、基里巴斯、马绍尔群岛等国家有很多相似之处。

第一节　国土与人口

一　国土面积

瑠鲁共和国（Republic of Nauru，瑠鲁语为 Ripublik Naoero）通常简称瑠鲁。① 瑠鲁位于瑠鲁岛上。瑠鲁岛是一个椭圆形珊瑚岛，全岛长 6 千米，宽 4 千米，海岸线长约 30 千米。最高海拔 70 米。瑠鲁国土面积只有 21.2 平方千米，是世界上最小的岛国，其国土面积仅大于梵蒂冈和摩纳哥，居世界倒数第三位。瑠鲁专属经济区面积 32 万平方千米。瑠鲁岛最北端是埃瓦区的安娜角（Anna Point），最东端是伊朱布区的伊朱布角（Cape Ijuw），最南端是梅南区没有命名的山，最西端是艾沃区的艾沃港口（Aiwo Harbour）。

---

① 有些学者将其翻译为诺鲁。

二 地理位置

瑙鲁是一个岛屿国家，位于南太平洋密克罗尼西亚群岛中，北距赤道约 42 千米①。北邻马绍尔群岛，东近基里巴斯，东南是图瓦卢，南面靠所罗门群岛，西南是巴布亚新几内亚，西北是密克罗尼西亚联邦。距离瑙鲁最近的是基里巴斯的巴纳巴岛（Banaba Island），距离是 300 千米。东北距夏威夷岛 4160 千米，西南隔所罗门群岛距澳大利亚悉尼 4000 千米。

三 地形与气候

1. 地形

瑙鲁岛位于太平洋板块，是由地壳运动火山喷发形成的凸起珊瑚环礁。大约在始新世中期（mid Eocene），太平洋海底的火山喷发点受到太平洋板块的运动挤压，形成了由玄武岩组成的海山。海山高度超过 4300 米。海山顶部的珊瑚礁不断生长，使海山的顶部向上延伸了 500 米。渐渐的，珊瑚礁升到海平面以上约 30 米，形成了由白云岩、石灰岩构成的石峰。在海平面以下由火山喷发形成的海山，由于长期在海水中浸泡，部分石灰石已溶解形成洞穴。

因为国内土地面积极少，瑙鲁被称为"无土之邦"。瑙鲁地表几乎全是磷酸盐层，国内没有河流。全岛略呈椭圆形，四周被珊瑚礁环绕，海岸地带是一片银白色的海滩，由外而内地势逐渐升高。海滩里侧是种植有农作物的环状带，这是全岛土地较肥沃的地区，再往里是 10~70 米高度不等的珊瑚峭壁。珊瑚峭壁环绕瑙鲁的中

① http：//www. narugov. nr/about－nauru/our－country. aspx.

央高原。最高点被称为命令谷（Command Ridge），海拔 70 米。峭壁之上的地形较为平坦，占全岛总面积的 85% 左右。在陆地上，除了布阿达湖周围有些低地可以进行农耕以外，其他地区寸草不生，包括蛇类在内的动物都无法生存。

2. 气候

瑙鲁靠近赤道，属于热带海洋性气候，全年炎热、潮湿。白天酷热，气温为 26℃~35℃。晚上海风习习，气温下降，较为凉爽舒适，气温为 22℃~34℃。每年 11 月至次年 2 月，受季风影响，降雨量大而且集中，但并不会受到飓风的袭击。受厄尔尼诺现象和南方涛动的影响，年降雨量有很大的变化。有些年份降雨量偏少，不足 300 毫米，导致出现严重的干旱；有些年份降雨量偏多，达到 4500 毫米。由于在赤道附近，加之受强对流天气的影响，瑙鲁容易出现极端天气。此时太阳高照，忽然飘过来一片云，顷刻便是大雨倾盆，稍后又是雨过天晴。瑙鲁 2015 年气温变化与降雨情况见表 1-1。

表 1-1 瑙鲁 2015 年气温与降雨情况一览

月份	1月	2月	3月	4月	5月	6月	7月	8月	9月	10月	11月	12月
最高气温（℃）	34	37	35	35	32	32	25	33	35	34	36	37
最低气温（℃）	21	21	21	21	20	21	20	21	20	21	21	21
平均气温（℃）	27.5	27.5	27.5	27.5	27.5	27.5	27.5	27.5	27.5	28	28	28
平均降雨量（mm）	280	250	190	190	120	110	150	130	120	100	120	290
月内平均降雨天数	16	14	13	11	9	9	12	14	11	10	13	15

资料来源：瑙鲁统计局（Nauru Bureau of Statistics），2015 年 9 月，见太平洋共同体网站（http：//www.spc.int）。

四　行政区划

瑙鲁全国共有 169 个村庄，分属于 14 个行政区，每一个行政
区包含数量不等的村庄。按 2011 年的人口普查结果，人口最多的
地区是德尼高莫都区，共有 1804 人。2011 年瑙鲁各区面积及人口
数量见表 1－2。

表 1－2　2011 年瑙鲁各区面积及人口数量一览

	地区	面积 （平方千米）	人口 （人）	村庄数量 （个）	人口密度 （人/平方千米）
1	艾沃区 （Aiwo district）	1.1	1220	8	1109
2	阿纳巴尔区 （Anabar district）	1.4	452	15	323
3	安鄂滩区 （Anetan district）	1	587	12	587
4	阿尼巴雷区 （Anibare district）	3.1	226	17	73
5	白帝区 （Baiti district）	1.1	513	15	466
6	泊区 （Boe district）	0.5	851	4	1702
7	布阿达区 （Buada district）	2.6	739	14	284
8	德尼高莫都区 （Denigomodu district）	1.1	1804	17	1640

续表

	地区	面积 （平方千米）	人口 （人）	村庄数量 （个）	人口密度 （人/平方千米）
9	埃瓦区 （Ewa district）	1.2	446	12	371
10	伊朱布区 （IJuw district）	1.1	178	13	161
11	梅南区 （Menang district）	3.1	1380	18	445
12	尼柏区 （Ninok district）	1.6	484	11	303
13	瓦博埃区 （Uaboe district）	0.8	318	6	397
14	亚伦区 （Yaren district）	1.5	747	7	498
	共计	21.2	9945	169	469

　　资料来源：自 2011 年以来，瑙鲁没有公布按区统计的人口数据，现依据 2011 年数据汇总。http：//www. city population. de/Nauru. html。

　　艾沃区位于瑙鲁岛的西部。据统计，艾沃区 2015 年人口为 1300 人，平均海拔 26 米，最高海拔 70 米，面积 1.1 平方千米。艾沃区有瑙鲁共和国磷酸盐公司、旅社、电影和文娱中心、椭圆形体育场、电力供应站、中国人聚集区、艾沃大道、邮政局、加油站、学校等。

　　阿纳巴尔区位于瑙鲁岛的东北部。此区有小面积的农田。阿纳巴尔区的东北面邻太平洋，西方与安鄂滩区、埃瓦区、白帝区相连接，南方为伊朱布区和阿尼巴雷区。平均海拔 25 米，最高海拔 40 米。

安鄂滩区位于瑙鲁岛的北部。北面毗邻太平洋，西面为埃瓦区，东面与阿纳巴尔区相接。最高海拔 40 米。安鄂滩区原有一片森林，由于磷酸盐矿的开采，森林遭到破坏并逐渐消失。该区有一所学校，以及一座气象观测站。

阿尼巴雷区位于瑙鲁岛的东部，它和梅南区是瑙鲁面积最大的两个行政区，它也是人口密度最小的行政区。阿尼巴雷区东临阿尼巴雷湾，平均海拔 30 米。2002 年，在日本的援助下，阿尼巴雷湾内兴建了阿尼巴雷港口，作为岛中央高原地区磷酸盐矿石的外运港口。

白帝区位于瑙鲁岛的西北部。西北与太平洋相邻，东北临埃瓦区，东临阿纳巴尔区，东南方为阿尼巴雷区，西南方是瓦博埃区，最高海拔 45 米。

泊区位于瑙鲁岛的西南部。西南临太平洋，北面与艾沃区相邻，最高海拔 50 米。泊区有许多英式旧建筑。瑙鲁国际机场跑道有一部分位于该区。泊区是瑙鲁面积最小、人口密度最大的区。

布阿达区位于瑙鲁岛的西南部，是唯一不邻太平洋的内陆中央高原区。布阿达湖位于该区，该湖是一个咸水湖泊，是瑙鲁最美丽和浪漫的地方。这里的植被比其他地区多，由于磷酸盐矿大量开采，植被大部分遭到破坏。最高海拔 60 米，最低海拔 −5 米。布阿达区北与尼柏区相连，东为阿尼巴雷区，南为亚伦区，西与泊区相邻。

德尼高莫都区位于瑙鲁岛的西部。平均海拔 20 米，最高海拔 57 米。此区有磷酸盐公司医院、瑙鲁总医院、瑙鲁气象站、美国大气辐射测量站、磷酸盐公司外国雇员宿舍、磷酸盐公司规划建设办公室等。

埃瓦区位于瑙鲁岛的北部，是瑙鲁最北端的行政区。北临太平洋，西南面与白帝区相接，东面为安鄂滩区，东南面为阿纳巴尔区。最高海拔 40 米。此区有 1902 年建立的瑙鲁第一所学校，也就是现在的凯泽学院。它是南太平洋大学的瑙鲁校区，也是瑙鲁唯一的一所高等学府。埃瓦区还有岛上最大的购物中心。

伊朱布区位于瑙鲁岛的东北部。东面毗邻太平洋，北面与阿纳巴尔区相连，南面为阿尼巴雷区。最高海拔 40 米。

梅南区位于瑙鲁岛的东南部，它和阿尼巴雷区是瑙鲁行政区中面积最大的两个区。梅南区东南临太平洋，东北接阿尼巴雷区，西北与布阿达区相连，西与亚伦区相邻。最高海拔 45 米。梅南区的基础设施较多，这里有国家观光饭店、足球场、前总统官邸、国家印刷局、儿童花园、电报站、澳大利亚瑙鲁难民处理中心等。

尼柏区位于瑙鲁岛的西部。最高海拔 50 米。尼柏区有一所幼儿园、一座教堂，瑙鲁磷酸盐公司所属的进矿列车轨道经过此区。

瓦博埃区位于瑙鲁岛的西部，最高海拔 50 米。

亚伦区位于瑙鲁岛的西南部，是瑙鲁的行政管理中心。

瑙鲁 14 个区有各自的社区委员会（community committee）。社区委员会的代表由选举产生，负责社区事务，经常代表本社区参加政府组织、非政府组织和各种论坛的活动。这些社区委员会不是依照法律规定选举产生的，也不受法律监管。社区委员会的成员以女性为主。

五 民族、人口、语言

瑙鲁的人口以瑙鲁人为主，瑙鲁人是密克罗尼西亚群岛上的密克罗尼西亚人同外来的波利尼西亚族群的汤加人、图瓦卢人、萨摩亚人以及美拉尼西亚族群的斐济人、瓦努阿图人长期混血的混合体。

大约 3000 年前，密克罗尼西亚人和波利尼西亚人已在瑙鲁定居。在长期发展过程中，形成了 12 个部落，它们分别是：Eamwit、Eamwitmwit、Ranibok、Irutsi、Iruwa、Eamwidara、Eaoru、Emangum、Deiboe、Eano、Emea、Iwi。这 12 个部落都有各自的领袖（酋长）。当一个孩子出生时，他或她会从母方继承他们部落的权力。每个个体被赋予的权力源于其部族。[①] 瑙鲁独立后，国旗上有一个十二角星，代表最初成立的 12 个部落。

瑙鲁人具有密克罗尼西亚人的特征，体格健壮，头发浓黑，面庞宽大，嘴唇不厚，鼻梁较高，眼睛较大，皮肤为棕色，男子身高平均在 1.7 米以上，女子稍矮一些。

2011 年，瑙鲁人占瑙鲁总人口的 94%，斐济人占 1%，华人占 1%，所罗门群岛人占 1%，其他人占 3%。

1968 年获得独立后，瑙鲁拥有了相当稳定的发展环境，人口数量稳步上升。1977 年，瑙鲁进行了第一次人口普查，人口约为 7000 人。自 1992 年以来，瑙鲁的人口出生率超过死亡率。2006 年，瑙鲁政府遣返数千名来自图瓦卢和基里巴斯的雇佣工人，瑙鲁岛上的人数有所下降。此后，瑙鲁人口虽不断增加，但增幅较小。2011 年的人口普查数据显示，瑙鲁人口为 9945 人。2013 年，瑙鲁出生人口 366 人，人口出生率为 38.8‰（见表 1 - 3）。2015 年，人口出生率为 29‰，人口死亡率为 8.3‰，婴儿死亡率为 2.9‰。2015 年，瑙鲁总人口为 11288 人，是世界上人口最少的国家之一。

[①] 瑙鲁政府网，http：//www. naurugov. nr/about - nauru/the - people. aspx，2015 年 10 月 25 日。

表 1 – 3　2007~2013 年瑙鲁人口变化一览

年份	总人口	出生人数	死亡人数	人口出生率(‰)
2007	9115	171	74	18.8
2008	9162	206	84	22.5
2009	9213	273	57	29.6
2010	9267	322	69	34.7
2011	9945	370	75	37.2
2012	9378	319	—	34
2013	9434	366	—	38.8

资料来源：亚洲开发银行（ADB）。

在人口构成中，25~54 岁人口为瑙鲁人口的主体，约占全国人口的一半（见表 1 – 4）。

表 1 – 4　2015 年瑙鲁人口年龄结构情况

单位：%

年龄阶段	所占比例
0~14 岁	32.45
15~24 岁	16.13
25~54 岁	43.19
55~64 岁	6.11
65 岁及以上	2.12

资料来源：亚洲开发银行（ADB）。

由于饮食结构不合理，瑙鲁人的平均寿命偏低。瑙鲁人整体的平均寿命是 65.65 岁。男性预期寿命为 61.9 岁，女性预期寿命为 69.4 岁。瑙鲁人年龄中位数是 21.5 岁。人口性别比是 0.91∶1。瑙鲁城市人口比例为 100%。

瑙鲁的当地语言是瑙鲁语。瑙鲁语为密克罗尼西亚语言,属于南岛语系,它由 12 个辅音和 5 个元音字母组成,是一门非常难以理解的语言。这种语言集中在瑙鲁使用,瑙鲁人在家喜欢使用当地语言交流。官方语言为英语,在政府和商业活动中广泛使用。约有 66% 的人会说英语,有 12% 的人在瑙鲁使用其他语言。

六 国名、国旗、国徽、国歌

语言学家认为,英文的 Nauru 一词,很可能来自瑙鲁语 Anáoero,意思是"到海边去"(I go to the beach)[①]。

瑙鲁国旗启用于 1968 年 1 月 31 日,呈横向长方形,长与宽之比为 2:1。它由三种颜色组成,分别是蓝色、黄色和白色。旗底为蓝色,中央有一道黄条横贯旗面,左下方有一颗白色的 12 角星。黄条象征赤道,其上半部的蓝色象征蓝天,下半部的蓝色象征海洋,12 角星象征瑙鲁最初的 12 个部落。

国徽的中心图案为盾徽。盾面上半部由小方格组成,其中的十字联结三角形图案是磷酸盐矿采矿者的标志,表明瑙鲁人以开采磷酸盐矿为生。盾面下半部左边是军舰鸟,右边为一支"托马诺"绿枝和花朵。盾徽上端是一颗白色 12 角星,星上的绶带用瑙鲁语写着"NAOERO",两侧装饰物有绿色椰树叶和蓝色芭蕉叶。下端的绶带上用英文写着"GOD'S WILL FIRST"(上帝的意旨第一)。

---

① Barbara West, "Nauruans: nationality", *Encyclopedia of the Peoples of Asia and Oceania*, Infobase Publishing, 2010, pp. 578 – 580.

瑙鲁的国歌为《瑙鲁之歌》，歌词大意为：

　　瑙鲁我们的家园，我们热爱的土地，我们全在为你祝祷，并且歌颂你的名字。自古以来你就是我们伟大祖先的家园，并将传承给世世代代的子孙。我们全在一起向着你的旗帜致敬，同时一起欢欣地呼喊：瑙鲁万古长存！

第二节　宗教与民俗

一　宗教

　　瑙鲁人是密克罗尼西亚人和波利尼西亚人的后裔，其祖先信奉女神崇拜（goddess worship），并以一个名为 Buitani 的岛屿作为精神圣地。在基督教到来之前，本土宗教一直是瑙鲁人的主要信仰。

　　在西方基督教传入以后，当地人的信仰发生了改变。2011年，瑙鲁基督徒大约占瑙鲁总人口的 2/3。瑙鲁公理会（The Nauru Congregational Church）是瑙鲁最大的宗教派别，属于基督教新教，在瑙鲁有七个教会组织，每个教会由一位执事领导。瑙鲁公理会设有教会委员会，与瑙鲁社会福利部紧密合作，致力于改善住房、教育、保健和公共服务。教会还在传统艺术和手工技能传授方面发挥了重要作用。[①] 基督教信仰被写入瑙鲁宪法中，宪法开篇写道：瑙鲁人民承认神是全能的、永恒的主，是万物的缔造者。人们谦卑地将自己置

---

　　① http://www.unitingworld.org.au/about/our - overseas - partners/the - pacific/nauru - congregational - church/.

于神的恩典保护之下，并为自己和生灵寻求他的祝福。①

在瑙鲁，还有一部分人信仰天主教、神召会②（Assemblies of God）、本土宗教等。有数据显示，在 21 世纪初期的十年中，神召会的信徒发展最为迅速，从 0 人增加到 1500 人，但是信徒数量的可信度尚未得到证实。

瑙鲁宪法清楚地写明，人民拥有宗教信仰自由。但是，对于受雇于瑙鲁磷酸盐公司的外来劳工而言，他们的宗教信仰活动受到一定程度的限制。

二　重要节日

瑙鲁主要有以下公共节日。

新年，1 月 1 日；

独立日，1 月 31 日；

耶稣受难日，复活节的前第三天；

复活节星期一，复活节星期日后的第一天；

复活节星期二，复活节星期日后的第二天；

宪法日，5 月 17 日；

磷酸盐矿接管日，7 月 1 日；

青年节，9 月 25 日；

安加姆节（即返乡日），10 月 26 日；

圣诞节，12 月 25 日。

---

① 英文为：We the people of Nauru acknowledge God as the almighty and everlasting Lord and the giver of all good things. Whereas we humbly place ourselves under the protection of His good providence and seek His blessing upon ourselves and upon our lives。参见 http://www.paclii.org/nr/legis/num_ act/con256/。

② 神召会是 1901 年在美国五旬节复兴运动后出现的教会组织。

独立日（NATIONAL DAYS）也被称为"特鲁克回来周年纪念日"。庆祝活动一般由政府组织，各政府部门会举办一些庆祝仪式和比赛项目。此外，政府还会为年轻人和在日本占领时期从特鲁克群岛回来的幸存者举行宴会。

宪法日是一个重要的节日，全岛居民都会参加，一般举办田径比赛活动。

青年节在9月25日，尽管法定节日只有一天，但是年轻人在整个星期内都会举行活动进行庆祝，追求健康的生活方式。他们会在机场附近举行排球、拔河和接力等比赛。

安加姆节（Angam Day）也是一个重要的节日。1918年前后，流感等疾病夺去太平洋岛国很多人的生命，为了纪念瑙鲁种族得以延续，从1932年开始，每年10月26日被定为"返乡日"。各个社区独立组织庆祝活动，人们用摔跤、编花环等形式来庆祝，这一天瑙鲁人一般和亲人一起度过。这个节日一直延续至今。

三　传统与习俗

随着西方人的到来，瑙鲁的土著文化受到西方文化的显著影响，旧的习俗多数被取代，只有部分传统音乐、艺术、工艺和捕鱼等技艺得以保留传承下来。瑙鲁人擅长捕捉和训练"导航鸟"、造船和航海。

从衣着来看，瑙鲁人与其他太平洋岛国人穿着非常类似。由于瑙鲁特殊的地理位置，天气比较炎热，在日常生活中，人们穿着比较简单。男子习惯于赤裸上身，下身穿围腰裙子。像许多热带人一样，他们喜欢穿拖鞋或者光脚席地而坐。女子只穿短裙，常在耳垂和鼻中隔上穿孔，插戴鲜花或贝饰。人们普遍能歌善舞，妇女们经常穿着用芭蕉叶或椰子叶编织成的草裙翩翩起舞，展现了岛国的自然风情。在正式场合，男子着西装，女子着连衣裙，行握手礼，采用国际通用称谓。瑙鲁人有染齿和嚼槟榔的习俗。

从饮食来看，瑙鲁人以面包果和芋头、鱼为主，极少食用蔬菜。在西方现代文明冲击下，他们放弃了传统椰汁，养成了饮酒的习惯。自瑙鲁独立至20世纪末期，瑙鲁非常富裕，各国名酒在岛上都有销售，而且物美价廉。瑙鲁人，尤其是青年人天天饮酒，酒吧生意异常兴隆。在饭店的菜谱上经常有一句话"无酒就等于没有阳光"。

从性格来看，瑙鲁人具有岛国人普遍热情开朗的心态。瑙鲁具有内陆国家所没有的独特秀丽风景。海风带着海的味道扑面而来，令人心旷神怡。大海以其特有的宽广胸怀容纳一切。这样的环境无疑在潜移默化中塑造了岛国人民积极乐观、易于满足的心态以及有容乃大的胸襟。瑙鲁拥有天然磷酸盐矿资源，社会福利较好，现代瑙鲁人普遍养成了心地善良、性情豪放、知足常乐、与世无争、慷慨大方的性格。同样，安逸的生活使得瑙鲁人时间观念很淡薄。吃饭、做事随性而为，即使约好了时间，迟到半小时乃至一小时也是屡见不鲜的事。

四　妇女地位

在西方殖民者到来之前，瑙鲁处于母系氏族社会发展阶段，财产传女不传男，女性的地位较高。然而随着多年来西方文化的影响，父权制的标准和价值观念开始影响人们的思维方式和行为方式，并在政策和法律的制定执行中得到进一步加强。例如，虽然瑙鲁的土地仍通过母亲来继承，但是联合国儿童基金会进行的调研显

示，女性的声音往往被忽视，女性的地位受到影响，瑙鲁社会逐渐
被男人主导。虽然大量女性现在从事有薪工作，但大多数女性仍然
认为她们的主要职责是妻子和家庭主妇。自瑙鲁独立以来，仅有两
名女性当选为议会议员。在 2006 年宪法改革期间，有人建议为女
性保留部分席位，但是遭到包括女性在内的许多社区人员的抵制，
这个提议并未得到贯彻执行。

　　进入 21 世纪以来，在联合国相关组织的协助下，瑙鲁女性的
工作能力和自我认识均有所提升，开始担任公共部门和机构的领导
职务，但是女性参与政治活动的平等代表权、参与权以及生活经
验，还是受到了诸多方面的挑战和质疑。不过，社会各阶层逐渐认
识到女性的政治参与对瑙鲁社会整体发展的贡献，如在政治、经
济、社会和文化进步方面所发挥的作用。2013 年，瑙鲁举行的议
会议员选举中，一名女性候选人当选，担任部长职务。截至 2015
年，瑙鲁所有的家庭中，约有 1/3 的家庭由女性主导。

第三节　特色资源

　　布阿达湖　布阿达湖（Buada Lagoon）① 位于瑙鲁西南部的布
阿达区，是一个面积不到 0.13 平方千米的咸水湖，是瑙鲁唯一
的湖泊。布阿达湖洼地的透水性比岛屿上其他地方的透水性差，
再加上当地降水丰富，所以逐渐就形成了布阿达湖。布阿达湖
的直径为 50 米，平均深度为 24 米，湖泊最深处深达 78 米。布

---

① Lagoon 一般翻译为潟湖、环礁湖或者咸水湖。在太平洋岛国，由于诸多环礁的存在，
各国海边地区的潟湖很多。但是，布阿达湖并没有与海洋相连。

阿达湖为内陆湖，因为它不注入任何海洋或河流。布阿达湖四周没有建筑，周围的树木非常茂盛。布阿达湖周围种植有香蕉、菠萝、露兜树①（pandanus）、椰子树、托马诺树（tomano tree）。布阿达湖湖水清澈，湖底生长着各种各样的水生动植物，五彩缤纷，为瑙鲁增添了一份绚丽的色彩。由于瑙鲁土地稀少，再加上此处环境安静优美，布阿达湖成为当地人和外来游客休憩的好去处。

阿尼巴雷湾　阿尼巴雷湾（Anibare Bay）位于瑙鲁东部的阿尼巴雷区，是瑙鲁一个很大的海湾，这里有瑙鲁最好的海滩。阿尼巴雷湾有丰富多彩的水上活动，游客在这里可以冲浪和潜泳，在此观赏海底奇妙的景色亦是一番享受；坐在沙滩上晒晒太阳，吹吹海风，别有一番兴致。干净的珊瑚色沙滩令阿尼巴雷湾更加迷人。阿尼巴雷港口在2000年建成，时常有外国货轮在此处停留，装卸货物。

莫卡洞穴和莫卡泉　在第二次世界大战前后，瑙鲁还是有淡水的。莫卡泉（Moqua Well）就是为当地居民供应淡水的来源之一。亚伦区最初被称作莫卡区，也是因为这个泉而得名。莫卡泉是一个地下泉，位于瑙鲁最大的山洞——莫卡洞穴（Moqua Caves）里。山洞位于较低的石灰岩峭壁的边缘。由于泉水的周边有树木和阴凉处，当地人经常在此饮酒。②　后来，这里的水就不适于饮用了。2001年，一名醉酒男子在此溺水后，瑙鲁政府在泉水的周边设置了篱笆，防止人们进入。这里距离机场非常近，已经成为一个重要

---

① 露兜树，别名野菠萝、林茶，主要分布在东半球热带地区，常生长于海边沙地，为常见的观赏性植物。幼果绿色，成熟时橘红色，花期为1~5月。

② http://www.wondermondo.com/Countries/Au/Nauru/Nauru/MoquaCaves.htm.

的旅游景点。

中央高原区和悬臂梁 中央高原区（Central Plateau）曾经是瑙鲁最优质的磷酸盐矿集中区，磷酸盐矿是瑙鲁经济的支柱。在20世纪70年代，瑙鲁居于世界上最富有的国家之列也得益于此。由于岛上大多数的磷酸盐矿基本被开采殆尽，这里成为瑙鲁无人居住的内部地区，中部高原区的景观类似于月球表面。

1908年，为了方便将磷酸盐矿石运输至外海的货船上，太平洋磷酸盐公司开始安装悬臂梁。虽然这个悬臂梁已经废弃，但是并没有被拆除，一直存放在原处。第一次世界大战后，瑙鲁在艾沃区的海边兴建了两条从陆地延伸至外海的磷酸盐矿石输送带，但现在早已报废。20世纪60年代第二个悬臂梁开始安装作业，是装运磷酸盐矿石的重要设施。

前总统宅邸和命令谷 2001年，当地人不满政府的管理而将总统宅邸烧毁。前总统宅邸位置非常优越，从上面可以远眺瑙鲁的美丽风景。被烧毁的总统宅邸并没有被拆除，而是保留了下来，以此来警告瑙鲁人不要因为一时冲动而破坏宝贵的资源。

命令谷位于艾沃区，是瑙鲁岛海拔最高的地方。20世纪40年代，日军曾在此驻扎。这里仍有一些生锈的二战时期的枪械。命令谷虽然没有非常特别的地方，但是它是世界上少有的几个可以从峰顶上欣赏到整个国家全貌的山峰之一。

艾沃港 艾沃港位于环岛公路附近，是瑙鲁较大的港口，主要出口磷酸盐矿石和进口各种货物，包括食品和燃料。它建成于1904年，以满足磷酸盐矿石出口的需要，有一条铁路连接岛中部的矿区。港口还铺设有一条管道，用于从油轮卸下燃料。随着瑙鲁经济的衰败，艾沃港已不如20世纪70年代和80年代全盛时期那么繁荣，大部分地区已经荒废。如果游客对工业旅游感兴趣，这或许是一个不错的去处。

亚伦区 亚伦区位于瑙鲁岛的南部偏西方，面积 1.5 平方千米，是瑙鲁共和国的行政管理中心。由于瑙鲁共和国不设首都，亚伦通常被作为瑙鲁的首都。这里有总统府、议会大楼、政府办公室、警察局、机场以及重要的码头，发挥着重要的政治职能。亚伦区是瑙鲁最繁华、人口最集中的地方。该区还有地方政府理事会、市民活动中心、邮局、电影院、商店、餐厅、旅馆和医院。澳大利亚驻瑙鲁的高级委员会也坐落于此区。

同时，亚伦区也是一个非常适合旅游度假的地方。亚伦区有洁白的沙滩，沙滩上棕榈摇曳，绿色的椰子树葱葱郁郁。喜欢钓鱼的游客可以尽情享受深海垂钓带来的乐趣，潜水和深海垂钓使得海上探险活动更具有挑战性。此外，亚伦区也有第二次世界大战时期留下的舰船、坦克、沙坑、油轮等。大部分华人居住于此，他们经营中餐馆、加油站和商店。

亚伦区的建筑并无特别之处，大都是二层楼房或一层平房。学校都是低层建筑，议会大楼为二层建筑。瑙鲁议会大楼虽然不像世界上许多其他地方的议会大厦那样庞大，但它是该岛的主要地标之一，通常对公众开放，公民可以参加议会会议。

第二章

历　史

约 3000 年前，密克罗尼西亚人和波利尼西亚人已在瑙鲁定居。自 18 世纪末英国人约翰·费恩到达该岛后，英国人、美国人、德国人等陆续到达这里。第一次世界大战虽然没有波及该岛，但是战后澳大利亚、新西兰、英国联合获得了该岛的统治权。第二次世界大战爆发后，美日在此争夺，给岛上的人们带来了灾难。在与西方世界的接触中，西方文化深深地影响了瑙鲁的发展。瑙鲁传统信仰被取代，政治、经济、文化等制度被打上了西方烙印。直到 1968 年 1 月 31 日瑙鲁获得独立，瑙鲁人才真正成为自己的主人。

第一节　古代历史

根据瑙鲁岛珊瑚峭壁的横纹，考古学家推测瑙鲁岛的形成至少有上万年的历史。约 3000 年前，密克罗尼西亚人和波利尼西亚人已在瑙鲁定居。他们维持生计的主要办法有：采食椰子和露兜树果实，捕捉遮目鱼①后放到潟湖中饲养，使它们适应淡水环境。从传

---

① 遮目鱼，又称麻虱目、海港鱼、细鳞仔鱼、虱目鱼，分布于太平洋和印度洋沿岸。遮目鱼为暖水性集群鱼类，平时栖息于外海，每年 4 ~ 5 月游向河口或近岸水域，偶尔进入淡水水域。遮目鱼以浮游植物为食，冬季停止摄食。产卵量为 300 万 ~ 540 万粒，孵出的幼鱼生长很快，易于养殖。

统上来说，在珊瑚礁附近区域捕鱼的任务一般由男性承担。

瑙鲁国旗上的 12 角星代表瑙鲁最早的 12 个部落。在部落时期，瑙鲁人遵守母系氏族社会的传统。18 世纪后期，一名新西兰船长在海上航行时看到了瑙鲁，当时他只看到岛上有很多土著人和茅屋，没有登陆进行考察。由于岛上没有当时殖民者渴求的檀香木等物资，很多国家对瑙鲁并没有重视。

1798 年，英国船长约翰·费恩[①]（John Fearn）率领"猎手号"捕鲸船抵达瑙鲁，将其命名为"快乐岛"（Pleasant Island，也称"舒适岛"），开启了西方世界与瑙鲁交流的历史。这个英文名称被持续使用了 90 年，直到德国占领瑙鲁后才被停用。当费恩驾驶的船靠近瑙鲁岛时，许多本地渔民驾驶独木舟冒险靠近捕鲸船，"猎手号"上的船员没有立刻驶离，瑙鲁渔民也没有强行登船。但是，瑙鲁岛和岛上的居民给约翰·费恩留下了深刻的印象。

19 世纪 30 年代，在瑙鲁的捕鲸船不断增多，它们需要到岛上补充物资，特别是淡水资源。此时，瑙鲁人与欧洲商人有了更多的接触和联系。岛民懂得用自己的资源（包括淡水和食物），换取欧洲人的棕榈酒和枪支。在此前后，爱尔兰人帕特里克·伯克（Patrick Burke）和约翰·琼斯（John Jones）逃离诺福克岛[②]（Norfolk Island）来到瑙鲁，成为早期在瑙鲁生活的欧洲人。第一个成功在岛上定居的白人是英国人威廉姆·哈里斯（Willam

---

① 费恩，1768 年 8 月 24 日出生于英国金士顿，是英国"猎手号"捕鲸船的船长，在从新西兰前往中国的途中"发现"了瑙鲁。费恩认为瑙鲁人善良友好，而且那里环境优美，将其称作"快乐岛"。作为第一位"发现"瑙鲁的欧洲人，他本人也因此而知名。费恩的头像被刻在了 10 元瑙鲁硬币的正面。

② 诺福克岛位于南太平洋的西南部，陆地面积 35 平方千米，现为澳大利亚的领地。旅游业是该岛的主要经济支柱，渔业资源丰富。

Harris）。1842 年，29 岁的威廉姆·哈里斯来到瑙鲁岛，为当地姑娘而着迷，流连忘返，遂定居下来，曾任瑙鲁总统的勒内·哈里斯（René Harris）便是他的后代。自此开始，瑙鲁族群中混入了西方人的血统。

枪支和酒类的引入，破坏了岛上和平相处的 12 个部落的生活。1878 年，岛上开始了 10 年内战，人口从 1400 人（1843 年）减少到 900 人左右（1888 年）。战争严重影响岛上的椰子加工，造成德国商人无法从农业投资中获利。该岛的政治稳定直接影响德国的控制权，德国当局建议德国政府接管对该岛的管理。1888 年 4 月 16 日，德国吞并该岛，并在岛上禁止酒精和火器。

第二节　近现代发展史

尽管德国最早占领瑙鲁岛，但是德国的统治并未对瑙鲁的发展产生大的影响。瑙鲁岛上磷酸盐矿的发现，英国、澳大利亚、新西兰的介入，彻底改变了瑙鲁的发展走向。由于瑙鲁岛的特殊地理位置，在第二次世界大战期间，美日长期在此争夺。

一　德国殖民统治时期

德国因为插足太平洋太晚，只能占有老牌帝国不感兴趣的岛屿。

1886 年，英、德两国就划分西太平洋势力范围达成协议。同年 10 月，德国派战舰武力占领瑙鲁岛，并将其划为马绍尔群岛保护地的一部分。德国占领该岛后，取消了"快乐岛"的命名，恢复了瑙鲁的称呼。1888 年 10 月 1 日，德国"艾伯号"（SMS Eber）

战舰上的 36 人在瑙鲁岛登陆。瑙鲁岛上的 12 个部落的首领、白人定居者、吉尔伯特群岛的传教士，一起陪同德国海军陆战队绕岛航行一周并再次返回岛上。岛上的部落首领被软禁到第二天德国吞并瑙鲁仪式开始时，他们看着德国的国旗在岛上升起。德国占领者要求岛上的部落首领在 24 小时内交出所有的武器和弹药，否则将他们投入监狱。10 月 3 日早上，德国人缴获了 765 支枪和 1000 发子弹。德国人的到来，结束了该岛的内战，恢复了以国王为中心的统治秩序，艾维达国王（King Aweida）重新掌握了王权，但也使瑙鲁人丧失了对本土的控制权。与此同时，基督教传教士也从吉尔伯特群岛来到该岛。不过，德国政府并没有委派官员统治该岛，只是委派一个贸易公司代管。德国商人罗伯特·罗旭（Robert Rasch）娶了瑙鲁当地人为妻。1890 年，他被德国政府任命为瑙鲁的第一个管理者。到一战后德国战败，德国统治瑙鲁近三十年。

为了维持生存，罗旭"开了家很小的杂货店，用烟草、啤酒、阿拉斯加罐装马哈鱼、糖、大米以及饼干换取椰肉干"。椰肉干成为瑙鲁人与世界市场联系的最初纽带。不过，瑙鲁人工作积极性不高，他们不愿意将生产椰肉干变成商业行为。总之，整个岛屿无论是自然环境还是社会文化，都因德国统治乏力而未受影响。

直至 1907 年，英国的磷酸盐矿开采活动才改变了原有的自然环境。1896 年，在很偶然的情况下，英国太平洋岛屿公司（总部设在悉尼）发现瑙鲁的中央高地蕴藏着大量高品位磷酸盐，它有心开采却苦于瑙鲁非己管辖。由于德国人对这一情况了解不详，而且德政府与商团也无力支持瑙鲁开发磷酸盐资源，经过商谈，德国与英国共同开发磷酸盐矿。由于岛屿主权归属德国，英国公司不便征发瑙鲁人参与开采工作。矿工主要来自中国和太平洋其他岛屿，英国要向德国及瑙鲁人支付特许补偿金。矿区生活用品全部从海外直接输入，矿工们也不与当地人发生联系。尽管自然环境因磷酸盐矿的开采遭到破坏，但是瑙鲁人还是居住在自己的沿海社区里，基本维持着固有的文化和生活。

在这一时期，瑙鲁人也面临传染性疾病的困扰。早在 1902 年，流行性感冒造成岛上 200 多人去世。1905 年，瑙鲁岛人口约为1550 人。瑙鲁人认为，随着外来劳动力的引入，流行性疾病也被带了进来，造成许多伤亡事件。1907 年，很多婴幼儿患上了小儿麻痹症（Infantile Paralysis），这又造成瑙鲁人口的锐减。① 人口下降已经成为一个重要问题。于是，瑙鲁的酋长和头人商谈，制定了一个鼓励生育的"奖励"政策。如果哪位妇女生的孩子，恰好使瑙鲁的总人口恢复到 1500 人，瑙鲁就会为其举办一次全国性的庆祝活动。这一政策促进了瑙鲁人口的稳步上升，在第二次世界大战爆发前，瑙鲁人口上升到了 1800 人左右。

二 一战后托管时期

1914 年，第一次世界大战爆发。一战期间，澳大利亚占领了瑙鲁。第一次世界大战虽未波及瑙鲁，但瑙鲁确因战争的发生改变了命运。一战后，德国被迫放弃了包括瑙鲁在内的全部海外领土。

1919 年，战胜国和战败国签订的《凡尔赛和约》标志着德国殖民地被瓜分完毕，德国于 1919 年 5 月 7 日正式将托管地分予各战胜国。《国际联盟盟约》是《凡尔赛和约》的一部分，规定了盟约优于其他条约的地位、委任统治制度、各种国际公益事业的处理

---

① http：//www. naurugov. nr/about－nauru/nauruans'－stories/angam－day. aspx.

与合作以及各种国际事务机构的管理问题。国联根据当时托管地的
人口和发展情况，将托管地分成三个不同的等级，分别是第一等
（Class A）、第二等（Class B）和第三等（Class C）。《国际联盟盟
约》第 22 条关于第三等托管地写道：

> 鉴于该托管地人口稀少或者国土面积小、它们与文明中心
> 的距离远、地理位置接近托管当局管理范围的边界或者其他状
> 况，托管当局应视该托管地为托管国的一部分而使用该托管国
> 之法律管辖。

按照会议协商，凡在西南非洲（今纳米比亚）和南太平洋诸
岛的托管地为第三等托管地，托管国获授权全面管治。每个托管地
的托管政府都重视每个地区的不同需求，亦都按照国联对每个地区
的基准行事。但是，托管国不得在托管地建设防御工事，不得在托
管地征兵，每年要向国联托管委员会提交报告。虽然如此，某种程
度上每个托管国都已经视托管地为自己殖民帝国的一部分，因为国
联并没有很大的权力去有效地管理各列强。

国联只允许英国、澳大利亚、新西兰按照有关托管地决议的
"C"款对瑙鲁进行"委任统治"。实际出面统治的是澳大利亚，它
自诩其最大的特点是"年轻与活力四射，愿意全权担负促进本地
人民利益的使命"。其在瑙鲁的统治的确不同于一般的老牌殖民国
家：它派驻瑙鲁的统治机构从属行政官员极少，执政官一人集权，
几乎不干预当地人的生活。瑙鲁托管期自 1920 年 12 月 17 日开始。

"委任统治"的重点在于攫取瑙鲁的磷酸盐资源，磷酸盐公司
对此掌握全权。1919 年，英国、澳大利亚、新西兰就磷酸盐矿开

发问题达成协议：磷酸盐公司直接承担瑙鲁统治当局的开销，继续向瑙鲁人支付补偿金；三国各派一名代表组成管理委员会；三国按配额以成本价购买磷酸盐矿石，其他事宜承袭公司既有制度。这样，磷酸盐产业从管理到采掘，依旧都是外国人的事业。公司开采磷酸盐矿的方式是砍伐森林后，挖去覆土进行露天采掘，采掘完后并不恢复土地原貌，从而破坏了瑙鲁的环境。瑙鲁被托管以后，日常生活用品基本上从澳大利亚进口，这使得瑙鲁对澳大利亚的经济依赖性越来越强。

在此期间，瑙鲁和其他岛屿一样，原住居民很容易感染肺结核和流行性感冒。1921 年，流行性感冒造成 230 名岛民死亡。20 世纪 30 年代，由于没有疫苗预防，瑙鲁遭受了重大传染性疾病的困扰，1932 年人口只有 1500 人。

在第二次世界大战之前，"瑙鲁人先通过椰肉干，后来又通过磷酸盐产业与世界市场发生联系，但瑙鲁人并没有就此深深地卷入资本主义世界市场。这在相当程度上是因为瑙鲁的自然地理禀赋使它遭受了一种不甚严苛的殖民统治。然而好景不长，突如其来的太平洋战争改变了这一切"。

三 日本占领时期

第二次世界大战时期，瑙鲁遭受战争的严重创伤。日本、德国在太平洋地区的推进，影响到澳大利亚的利益。同时，战争严重影响了瑙鲁磷酸盐向澳大利亚和新西兰出口，这些磷酸盐主要用于生产弹药和化肥。1940 年 12 月，德国首先对瑙鲁发起攻击。

日本占领瑙鲁主要出于两个目的，一是瑙鲁有丰富的磷酸盐资源；二是瑙鲁战略地位重要，日本占领瑙鲁则可以控制从北美洲到澳大利亚的海上交通线，进而发起对吉尔伯特群岛和埃利斯群岛的进攻。在第二次世界大战期间，日本军队控制了部分太平洋岛屿，这些岛屿成为其海军的大本营，负责保护日本在太平洋地区的利益。日本希望利用瑙鲁岛上的磷酸盐矿资源，并在瑙鲁岛上建立军事防御工事。虽然日本无法重新启动磷酸盐矿开采作业，但成功地将其转化为强大的据点，美国军队不得不选择绕过瑙鲁。

瑙鲁当局认为日本不会侵占该岛，因为瑙鲁缺乏深水港和飞机跑道，所以一直没有采取应对措施。瑙鲁当局还认为，英国、澳大利亚、新西兰不会对日本的进攻坐视不管，如果三国放弃瑙鲁，那样会使西方国家名誉受损。然而，事与愿违，1942 年 8 月 26 日，日本军队占领了瑙鲁，切断了瑙鲁与外界的联系。日本占领瑙鲁后，曾设想将华人和欧洲人全部驱赶出瑙鲁，但由于船只空间狭小，决定仅留下部分中国人。最终 61 名欧洲居民、391 名中国人和 49 名英国军人登上了日本船舶，被运到其他岛屿。191 名中国人留在瑙鲁，他们被告知会被疏散。英国磷酸盐公司员工在撤离前破坏了磷酸盐矿的设施。

日本军队在瑙鲁岛上修建的飞机场，一再成为同盟国（特别是美国）的轰炸目标。1943 年 3 月 25 日，机场遭到轰炸，阻碍了食品、生活用品等物资空运到瑙鲁。1943 年，日本决定将瑙鲁的大部分土著人驱逐至数百英里之外的特鲁克群岛（Truk Islands）生活，岛上生活极其艰苦，死亡率极高。但瑙鲁岛上仍然存在军队和劳工人口过剩而造成的粮食短缺问题，日本军队为了解决这一问题提出了"跳岛战略"（Allies' island – hopping strategy）。"跳岛战略"就是将瑙鲁划分成两部分，并切断它们之间的联系，但是这并没有缓解粮食短缺问题，反而使情况更加恶化。虽然"跳岛战略"有效地抵制了盟军的空中和海上控制，日本在瑙鲁驻扎的军队没有被包围，但是没过多久，日本便正式投降了。在日本占领期间，瑙鲁土著居民遭到日本占领军的残暴对待。有一次，39个瑙鲁麻风病患者被装上船，船行驶到海里，患者全部被沉到海底。在瑙鲁的华工也受到了强迫劳动和野蛮对待，他们被看作社会的最底层①。

太平洋战争接近结束时，也存在一些不确定因素。盟国不确定瑙鲁将来的归属，澳大利亚和新西兰催促盟国尽快解放瑙鲁，恢复瑙鲁磷酸盐矿的开采，认为这对他们非常重要。1943 年 4 月，美国海军第七舰队进攻瑙鲁。在美国海军军官的指挥下，盟国解放了瑙鲁及其周边岛屿。澳大利亚皇家海军负责处理日本投降事务，澳大利亚指挥官分别作为英国的代表和太平洋舰队美国司令官的代表，两次签署日本投降文件。1945 年 9 月 13 日，瑙鲁最终被解放。接受日本投降的代表有澳大利亚第一舰队的旅长 J. R. 史蒂文森（Brigadier J. R. Stevenson），以及从特鲁克群岛返回的幸存的 737 名瑙鲁土著代表弗农·斯特迪。

对瑙鲁人而言，卷入太平洋战争是一件意外且无力抗拒的事情。1942 年日军占领瑙鲁，为了将这里建造成一个军事堡垒，他们沿海岸线修建防御工事，导致珊瑚礁与鱼群迅速消失。1943 年，日军又在居民区修建飞机场，招致盟军对瑙鲁进行地毯式轰炸，瑙鲁人赖以生存的椰林几乎全部化为灰烬。太平洋战争改变了瑙鲁人的生存环境，并使瑙鲁人战后的生活发生很大改变。最根本性的变化是，由于靠椰林与鱼群都不足以为生，瑙鲁人的生活物资完全依

---

① 1940 年，瑙鲁岛上的华人有 1350 人。1945 年日本投降时，岛上的华人仅剩 166 人。

赖进口，罐头之类的商品成为瑙鲁人的生活必需品。当进口物资供应受到影响时，瑙鲁人已经放弃的狩猎、捕鱼、收割和其他传统生活方式，又得到了恢复和重视。男人会爬上悬崖，捕捉黑色的小鸟（一种当地的鸟类），而妇女会在珊瑚礁中采集海产品，每个人都尽可能去钓鱼，解决粮食供应短缺问题。妇女用椰子纤维制成麻线，用于缝补草席、衣物，或者用于制作钓鱼线。他们还使用露兜树叶子制作垫子、篮子和风帆，搭建庇护所等。

日本占领瑙鲁期间，瑙鲁岛上没有发生过大规模的反抗斗争，只发生过一次针对日本军队的小规模的袭击。然而，该岛在中太平洋运动（Campaigns of the Central Pacific）中发挥了重要作用。由于日本防守严密，它的机场和战略位置逊于其他岛国，瑙鲁没有被其他国家占领。美国军队将目标转移到其他岛国。在此期间，大约300名日本人死于营养不良、疾病和他国的军事行动。

四　第二次世界大战之后

1947年11月1日，瑙鲁成为联合国托管领地。联合国委托澳大利亚、英国及新西兰共同管理瑙鲁，三国每年须向联合国报告瑙鲁的发展情况。但是，三国实际上更重视如何开采岛上的磷酸盐矿，而对瑙鲁的国民教化、环境保护、社会基础设施建设并不重视。联合国多次要求澳大利亚政府公布每年磷酸盐的开采量、成本和售价，以期使瑙鲁人在输出磷酸盐的同时得到合理的回报，但澳大利亚政府不予理会。

受战争影响，磷酸盐矿开采一度停顿，瑙鲁人无法获得补偿金，他们不得不去挣钱来购买商品。1948年，16岁以上男性中有88%的人已沦为雇佣工人。继续"托管"瑙鲁的澳大利亚当局指出："尽管瑙鲁人以前生活安逸，但现在他们已经被训练得适应环境变化了。"后来磷酸盐补偿金逐步恢复，瑙鲁人使用补偿金购物，更不愿恢复传统劳作了。1953 年，外国人记载了瑙鲁社会状况："他们越来越不愿意经营农业（采集椰果、捕鱼）。"尽管鱼群增多，但多数瑙鲁人还是爱吃罐装鱼。[①] 此时期，尽管瑙鲁人与世界市场联系更加密切，但均财富的传统观念并未改变。

联合国托管理事会在 1950 年就已经发现，磷酸盐矿将会在不到 70 年的时间里耗竭。理事会起先建议瑙鲁人在未来重新生产椰肉干，发展商业捕鱼，学习农耕，但瑙鲁人对农业生产态度冷淡。在这种情况下，澳大利亚当局提出，移民别处是一劳永逸的解决办法。但印度代表认为，托管一个地方就是要促进当地人的福利，最终要人民背井离乡，违背了托管的意义；而要留守，就得考虑恢复环境。后来，越来越多的非西方国家代表都指出瑙鲁人不应移民。1957 年，苏联代表正式提出，独立国家必须要有领土，瑙鲁要独立，瑙鲁人就不该移民，自然环境必须恢复。

尽管如此，移民与恢复环境仍旧成为反复讨论的议题，瑙鲁当局对此问题的态度不断反复。经过近十年的考察，瑙鲁唯一可以接受的移民目的地是澳大利亚的柯蒂斯岛（Curtis Island）。但澳大利亚表示只愿给瑙鲁人澳公民权而不能让其独立，移民议题就此罢弃。苏联代表再次提出要恢复土壤，减少矿产开采量，澳大利亚代表则回答："前者和后者在实际上都是不可能的。"澳大利亚的强硬态度引起瑙鲁代表的愤慨。1966 年底，在瑙鲁独立之前的最后一次托管理事会大会上，大酋长德罗伯特被问到如果不可能通过回填土壤来恢复瑙鲁环境，瑙鲁人是否考虑移民的问题，他立刻回答

[①]　费晟：《瑙鲁资源环境危机再探讨》，《学术研究》2008 年第 6 期。

说："委员会最好认识到回填是可能的，即便成本很高。"虽然瑙鲁方面态度坚决，但1968年1月瑙鲁独立宣言中未有只言片语提及岛屿自然环境恢复事宜。这看似与瑙鲁代表的态度有矛盾，其实并不意外。1966年，瑙鲁就已决心必须在1968年1月31日之前独立。由于最大的问题在于磷酸盐公司的归属，故整个1967年，瑙鲁方面的精力全部集中在有关接管磷酸盐产业的谈判上。为了尽早接管磷酸盐公司这棵"摇钱树"，瑙鲁方面不惜牺牲讨论了十余年的环境恢复问题。[①]

第三节　独立以来发展史

随着瑙鲁人与国际社会的接触日渐增多，瑙鲁人对澳大利亚的统治深感不满，尤其是对磷酸盐矿的开采。瑙鲁当局全力争取独立，收回采矿权。澳大利亚政府在强大的国际压力下，无可奈何地结束对瑙鲁的托管。

1966年1月22日，瑙鲁首次举行大选，成立了立法暨行政委员会。1968年1月31日，瑙鲁独立，哈默·德罗伯特担任首届总统。在政治上，瑙鲁是一个共和制国家。总统为国家元首兼政府首脑，由议会选举产生。议会实行一院制，每三年选举一次。内阁由总统和总统任命的4~5名议员组成，共同向议会负责。瑙鲁政党机构并不完善，曾经在瑙鲁政坛上活跃过的政党有民主党、瑙鲁第一党和中央党。但是，这些政党并没有维持很久便宣布解散。总统候选人通常是代表个人、公司或家族利益。

---

① 　参考费晟《瑙鲁资源环境危机再探讨》，《学术研究》2008年第6期。

1967 年，瑙鲁人民赎回了英国磷酸盐公司的资产。1970 年 6 月，磷酸盐资源的控制权转移到瑙鲁磷酸盐公司手中。事实上在独立时，瑙鲁还有机会修复因开采磷酸盐矿而被破坏的土地。但瑙鲁为了尽快独立，舍弃了恢复环境的最佳时机。独立后，瑙鲁的国家发展政策与独立时经济利益优先的理念一脉相承，瑙鲁领导人奉行一种所谓"弱可持续性"（Weak Sustainability）的发展政策。这一理论派生于 20 世纪 60 年代涌现的新古典主义经济学。它相信所有物品都可以互相替换，而市场体系将保证物品按比较高的价格流通。"只要自然资源卖到足够高的价钱，一个国家的环境哪怕近乎彻底毁灭，也还是符合新古典主义经济学对经济可持续性的定义。"①

在这一理论下，瑙鲁开始破坏性地开采磷酸盐矿。在收回磷酸盐产业的第一年，磷酸盐开采量就超过了德国殖民统治时期产量的总和。国家独立初期，成立了所谓"瑙鲁环境恢复基金"。在 20 世纪 70 年代，基金已累积到 2.14 亿美元，却没有一分钱投入环境恢复事业中。相反，瑙鲁却在澳大利亚、夏威夷投资修建豪华宾馆和高尔夫球场。这是因为他们相信海外投资能够获取更大的回报，而投资到环境治理中的资金回报较慢。当年坚决要求恢复环境的德罗伯特总统，"忙于运作一个雄心勃勃的投资项目。……他忙于出国进行投资谈判，以至把飞机当成大轿车来使用"。而磷酸盐的开采沿袭旧法，每一点产出，都伴随着一连串的环境破坏。因为"开采程序包括移除植被、表层土壤以及被污染了的磷酸盐，以便让纯磷酸盐便于开采。树木和其他废弃物被运到一个堆存处，然后

---

① 参考费晟《瑙鲁资源环境危机再探讨》，《学术研究》2008 年第 6 期。

焚毁，表层土壤与被污染的磷酸盐由矿业公司储存，便于未来使用。可在采矿结束后，表层土壤与被污染的磷酸盐并没有被回填"。所以仅仅 20 多年后，而不是联合国设想的 70 年后，磷酸盐矿就几乎被采空，中央高地的环境也遭到严重破坏。

由于采矿带来了巨额收入，瑙鲁的分配制度保证了绝大多数岛民具有强劲的消费能力。20 世纪 70 年代，每个瑙鲁家庭至少拥有两辆汽车。1980 年，瑙鲁 7000 人中只有 2156 人参加工作。由于一切物资都可以由世界市场提供，瑙鲁人口迅速增长，很快就超过了生态承载力。尽管岛上设立了垃圾处理场，可许多"荒废地"还是堆满了生活垃圾。与此相应，住宅区里残存的椰子树却无人照料。从 20 世纪 90 年代开始，世界金融市场危机不断，瑙鲁的投资遭遇重大挫折，加之磷酸盐供给日渐不支，瑙鲁的社会生活出现了混乱局面。这实际上意味着瑙鲁"弱可持续发展"理论的破产。

独立后，政府将部分磷酸盐出口所得收入用于改善人民的生活。瑙鲁的人均国内生产总值和人民的生活水平得到了极大的提升。1989 年，瑙鲁向国际法院控告澳大利亚、英国、新西兰在瑙鲁的开采行为，要求三国对过度开采造成的环境损害给予补偿。最终，澳大利亚和瑙鲁实现庭外和解，澳大利亚赔偿瑙鲁 1.07 亿澳元。其中，5700 万澳元支付现金，剩余的 5000 万澳元分 20 年付清，每年 250 万澳元。新西兰和英国同意一次性支付瑙鲁 1200 万美元。20 世纪 90 年代末，由于磷酸盐价格下跌，瑙鲁维护国有航空公司的高成本消费以及政府财政管理不善，瑙鲁经济处于崩溃边缘。进入 21 世纪，磷酸盐矿产资源开发殆尽，瑙鲁几乎破产。

进入 21 世纪以来，瑙鲁与多国建立了外交关系，包括巴西、越南、捷克、斯洛文尼亚等。2014 年 11 月 24 日，瑙鲁与波兰建立了正式外交关系。

2001 年，瑙鲁因"MV 帕坦"事件受到世界关注。澳大利亚政府与瑙鲁政府经过充分讨论，许多难民被允许运送到瑙鲁，瑙鲁则获得澳方资金等方面的援助。澳大利亚称此解决方案是"太平洋解决方案"。此后不久，瑙鲁政府开始对外国游客和记者采取限制措施，防止外界的观察员观察难民的情况。瑙鲁难民处理中心曾关闭一段时间，但是因为国家财政困难，瑙鲁希望得到澳大利亚的持续援助，难民处理中心重新开放。2012 年和 2013 年难民数量激增。2016 年，因澳大利亚瑙鲁难民处理中心发生难民自焚事件，瑙鲁再一次受到国际社会关注。

第四节　著名人物

一　哈默·德罗伯特

哈默·德罗伯特（Hammer DeRoburt）1922 年 9 月 25 日出生于瑙鲁，1992 年 8 月 15 日去世，享年 70 岁。哈默·德罗伯特是瑙鲁共和国的首任总统。他分别在 1968 年 1 月 31 日至 1976 年 12 月 22 日、1978 年 5 月 15 日至 1986 年 9 月 17 日、1986 年 10 月 1 日至 1986 年 12 月 12 日、1986 年 12 月 22 日至 1989 年 8 月 17 日担任瑙鲁总统，影响了瑙鲁独立后 20 年的政治走向。德罗伯特是瑙鲁前酋长的孙子，因为他的祖母来自巴纳巴岛，他还继承了该岛上的遗产。他在瑙鲁接受初等教育，然后前往澳大利亚戈登技术研究所深造。毕业以后，他成为瑙鲁学校的一名教师。第二次世界大战期间，日本占领瑙鲁，他和大部分瑙鲁人被驱逐到特鲁克群岛。1946 年，他回到瑙鲁后，开始在教育部工作。1951 年，他参与地方政府理事会的选举，没有成功当选。由于提名中存在违规行为，他的竞选资格被取消。尽管他的支持者举行了抗议和请愿运动，但最终没有改变结果。在 1955 年的议会议员选举中，他成功当选。自 1968 年领导国家走向独立，他独揽政权近二十年。德罗伯特还将澳大利亚的足球规则（又称作澳式橄榄球）引入瑙鲁，橄榄球成为瑙鲁的全民运动。1982 年，伊丽莎白二世授予他荣誉骑士勋章。1992 年，德罗伯特去世。

二　伯纳德·安嫩·奥文·多威约戈

伯纳德·安嫩·奥文·多威约戈（Bernard Annen Auwen Dowiyogo）1946 年 2 月 14 日出生于瑙鲁，2003 年 3 月 9 日去世，享年 57 岁。多威约戈的父亲是一名日本军官，母亲来自吉尔伯特群岛。1973 年，多威约戈当选为瑙鲁议会议员。他曾先后七次担任总统，创造了瑙鲁政坛上的一个纪录。他担任总统的时间分别为 1976 年 12 月 22 日至 1978 年 4 月 19 日、1989 年 12 月 12 日至 1995 年 11 月 22 日、1996 年 11 月 11 日至 26 日、1998 年 6 月 18 日至 1999 年 4 月 27 日、2000 年 4 月 20 日至 2001 年 3 月 30 日、2003 年 1 月 9 日至 17 日、2003 年 1 月 18 日至 3 月 10 日。在此期间，他还同时担任瑙鲁一个大选区的议会议员。瑙鲁刚刚独立时，多威约戈被视为第一任总统哈默·德罗伯特的竞争对手。1984 年，多威约戈开办了瑙鲁媒体通讯研究所，但是该研究所由于财政困难，在 1997 年破产。2003 年 3 月，他在华盛顿大学附属医院去世。在去世前，他与美国政府进行了长久的谈判。多威约戈与妻子育有八个子女，其子女分别在瑙鲁教育部、邮政局、警察局、议会、外交部等机构工作。

三　路德维格·斯科蒂

路德维格·斯科蒂（Ludwig Scotty）是瑙鲁政治家，两次担任总统。1948 年 6 月 20 日出生于瑙鲁，1960～1964 年在瑙鲁读初中，然后就读于南太平洋大学斐济苏瓦校区，获法律学士学位。1983 年 3 月当选议会议员。先后任瑙鲁银行行长、瑙鲁复兴公司主席、瑙鲁航空公司局长、卫生部部长、卫生与司法部部长等职。2000～2003 年 5 月，担任议会议长。2003 年 5 月 29 日至 8 月 8 日任总统。2003 年 8 月，在议会不信任投票中未获通过，由哈里斯接任总统。2004 年 2 月至 4 月，斯科蒂担任议会议长。2004 年 6 月，哈里斯阵营的一位议员撤销了对哈里斯的支持，并向议会提交了针对哈里斯的不信任案，最终导致哈里斯下台。2004 年 6 月 22 日，斯科蒂经议会选举再次就任总统。10 月，议会大选后斯科蒂获得连任。他成为瑙鲁历史上第一位放弃兼任外交部部长职务的总统。他任命戴维·阿迪昂担任外交部部长。斯科蒂任职期间采取改革措施恢复瑙鲁经济，他破坏了前任总统哈里斯与中华人民共和国建立的友好关系，宣布与中国台湾地区"建交"。2007 年 8 月 25 日，议会举行选举，斯科蒂阵营获得压倒性胜利。8 月 28 日，他以 14:4 的票数，战胜了对手斯蒂芬，轻松连任。尽管当时瑙鲁政府面临一系列问题，但是在斯科蒂任总统时期，瑙鲁国内稳定。在往届政府中不断出现的政治危机、随意使用议会不信任案等问题，在斯科蒂任职期间都得到了有效控制。2007 年 11 月 13 日，有议员提出了针对斯科蒂的不信任案，8 票赞成该案。但由于没有达到

9 票的要求，该不信任案被推翻。2007 年 12 月 19 日，斯科蒂未通过不信任案投票，总统生涯结束。2008 年 4 月，斯科蒂再次当选议会议员。2010 年 11 月至 2013 年 4 月担任议会议长。2013 年 6 月，斯科蒂再次担任议会议长。

四 马库斯·斯蒂芬

马库斯·斯蒂芬（Marcus Stephen）生于 1969 年 10 月 1 日，是瑙鲁运动员、政治家。2007 年 12 月 19 日至 2011 年 11 月 11 日担任瑙鲁总统。他的父亲劳伦斯·斯蒂芬（Lawrence Stephen）分别在 1971～1977 年、1980～1986 年担任瑙鲁议会议员，他的家族在瑙鲁比较显赫。斯蒂芬先后在英国圣比兹学院（St. Bede's College）和澳大利亚维多利亚州皇家墨尔本理工大学接受教育。最初，他喜欢澳式橄榄球，但最终选择了举重运动。1989 年，瑙鲁成立了瑙鲁举重联盟（Nauru Weightlifting Federation，NWF），斯蒂芬因在举重比赛中的出色表现，担任了联盟主席。1992 年，他第一次参加了在巴塞罗那举行的奥运会。由于当时瑙鲁没有加入国际奥林匹克委员会，为了参加比赛，他成功申请了萨摩亚公民资格，代表萨摩亚参加比赛。1993 年，瑙鲁成立奥林匹克委员会。1994 年 9 月，瑙鲁被国际奥委会接受。斯蒂芬代表瑙鲁参加了 1996 年亚特兰大奥运会和 2000 年悉尼奥运会。当悉尼奥运火炬传到瑙鲁时，斯蒂芬担任火炬手。在 1990 年、1994 年、1998 年、2002 年英联邦运动会上，他都取得了不错的成绩，共赢得七块金牌。在 1999 年雅典世界举重锦标赛中，他获得了 62 公斤级挺举比赛冠军。

结束举重生涯后，2001～2003 年，他在瑙鲁银行工作。2003

年 5 月 3 日，他在议会选举中获胜，担任议会议员。2004 年，议会大选过后，他又入选议会。2004 年 10 月，斯蒂芬被任命为瑙鲁磷酸盐特许信托部部长。在他第一个议会任期内，斯蒂芬担任几个部门的职务，先后担任经济发展和工业部部长、内政部部长，在司法部负责警察、监狱和部内事务。2004 年 11 月至 2006 年 5 月，斯蒂芬担任瑙鲁渔业和海洋资源协会（Nauru Fisheries & Marine Resources Authority）主席。2007 年 11 月 13 日，他担任瑙鲁渔业和海洋资源部（Minister for Nauru Fisheries & Marine Resources）部长。2005 年 6 月 15 日，瑙鲁加入国际捕鲸委员会（IWC）后，斯蒂芬被提名为瑙鲁代表。2005 年 6 月，他代表瑙鲁参加在韩国举行的国际捕鲸委员会大会。同年，他成为国际举重联盟名人堂成员。2007 年 8 月，斯蒂芬在议会选举中再次当选议员。2007 年 12 月 19 日，在对斯科蒂总统不信任案投票通过后，马库斯·斯蒂芬成功当选总统。2008 年 3 月，斯蒂芬被任命为大洋洲举重联合会主席，该联合会是太平洋地区唯一官方举重机构。2009 年 1 月，他当选为瑙鲁奥林匹克委员会主席，取代了前任主席维森·德特纳莫。

马库斯·斯蒂芬在 38 岁时就任瑙鲁总统，他具有较强的工作能力和丰富的工作经验。他组织了年轻的领导团队，引领了瑙鲁政治的变革。在担任总统初期，斯蒂芬延续上一届总统路德维格·斯科蒂的做法，成立了独立的外交部。按照以往惯例，瑙鲁的总统都同时兼任外交部部长。这是习惯性的做法，而不是宪法要求的。2007 年 12 月，斯蒂芬任命其表弟为外交部部长。斯蒂芬还任命弗雷德里克·皮契尔（Frederick Pitcher）为财政部部长，其继承了斯科蒂担任总统期间的出口紧缩措施。斯蒂芬上台以后，及时接手了前总统进行的宪法修正案。宪法修正案集中于通过直接的普遍选举而不是间接地通过瑙鲁议会选举瑙鲁总统，从而限制频繁的不信任案投票，改变瑙鲁的政治特征。在马库斯·斯蒂芬上台以前，多数总统是因不信任案投票被推翻的。但是，这个改革方案并未得到多数议员的支持。

在担任总统期间，他遭到了腐败指控，被指责发动政变，在2008年最高法院宣布暂停议会之后，国家宣布进入紧急状态。2010年4月和6月，瑙鲁分别举行了两次总统选举。在反对派提出一系列腐败指控后，斯蒂芬在2011年11月辞去总统职务。反对党议员指控斯蒂芬从磷酸盐交易中非法获利。斯蒂芬把这些指控称为"无理和恶作剧"。他辞去总统职务后，仍保留在议会中的议员席位，弗雷德里克·皮契尔继任总统。但是，皮契尔只担任了五天总统。2016年，在议会选举中，斯蒂芬在安鄂滩选区存有争议，最终失去了在议会中的席位。

五　巴伦·瓦卡

巴伦·瓦卡（Baron Waqa）出生于1959年12月31日，是瑙鲁的一位政治家、教师和作曲家，信仰基督教，自2013年6月11日起担任瑙鲁总统。2003年5月，他当选为瑙鲁议会议员。2003年5月29日至8月8日，在路德维格·斯科蒂担任总统期间，他担任内政部和教育部部长。2003年8月8日，勒内·哈里斯再次就任总统，他被解职。2004年4月23日，瓦卡参加在亚伦区瑙鲁国际机场举行的抗议活动，反对政府与澳大利亚达成的"太平洋解决方案"。2004年6月22日至2007年12月19日，路德维格·斯科蒂第二次出任总统，他又一次担任教育部部长。2013年6月

11 日，瓦卡击败前财政部部长、反对派候选人罗兰·库恩，以 13 票对 5 票当选总统。2014 年 1 月，巴伦·瓦卡获得支持，将澳大利亚居民法官皮特驱逐出境，取消了澳大利亚籍瑙鲁首席大法官杰弗里·艾姆斯（Geoffrey Eames）的签证。瓦卡政府希望在斐济律师的帮助下起草一项紧急法案。随后，议会法律顾问澳大利亚人凯蒂（Katy Le Roy）被解职，澳大利亚籍律师史蒂芬（Steven Bliim）被免职。瓦卡政府内政部部长查曼·斯科蒂（Charmaine Scotty）说，澳大利亚侨民在瑙鲁建立了"守护制度"（system of cronyism），影响到了瑙鲁政治发展，他们被免职是因为与瑙鲁反对派联盟。

第三章

政　治

瑙鲁为民主共和制国家，总统由议会选举产生，总统既是国家元首，又是政府首脑。瑙鲁的政治体制是在西方民主制基础上加以改造发展起来的。由于议会席位较少，只要掌握了议会 9 个及以上席位就能改选总统，这也造成瑙鲁政治的极不稳定。尽管瑙鲁国小人少，但机构建制相对完善。

第一节　政治概况

1919 年，国际联盟将瑙鲁划归澳大利亚、英国和新西兰共管，由澳大利亚代表三国管理。在第二次世界大战中，瑙鲁又被日本占领。1947 年，瑙鲁再次成为联合国托管地，由澳大利亚、新西兰和英国共管。瑙鲁是大洋洲托管领土中第二个取得完全独立的国家。1968 年 11 月，瑙鲁成为英联邦特别成员国。瑙鲁实行总统制共和制，总统是国家元首，也是政府首脑，由议会选举产生。地方事务由地方政府委员会负责，其成员基本上由内阁成员兼任。

瑙鲁实行三权（行政权、司法权、立法权）分立，其中行政权分化最具体细密。瑙鲁总统办公室是政府的最高办公室。[①] 瑙鲁行政权属于内阁[②]，内阁对议会负责，内阁掌握政府发展方向并控制政府。立法权属于政府和议会。司法权属于法院，独立于行政权和立法权。议会为一院制，共有 18 个席位。议会议员选举采取小选区及复数投票方式。全国有 14 个行政区，选举时分为 8 个选区，议会议员由人民直接选举产生，任期三年。总统由议会议员选举产生，总统候选人必须是议员。内阁由总统及总统任命的部长组成，一般 5 ~ 6 人。瑙鲁政党不活跃，一般分为执政党和反对党，议会议员常常因个人因素或者选区利益加入执政党或反对党。年满 20 岁、符合宪法规定的基本条件，在瑙鲁居住的瑙鲁公民均有资格成为选民。除非法律另有规定，选区的划分以及每一个选区应选议员人数，均依照一定比例分配。

瑙鲁设最高法院、地方法院和家庭法院。最高法院行使宪法和法律所授予的司法审判权。地方法院由地方法官主持，主持审理民事案件、刑事案件。家庭法院由地方法官和至少两名平民陪审员组成，地方法官担任家庭法院主席，处理家庭纠纷和儿童福利案件。

第二节　宪法与选举制度

宪法是瑙鲁的根本大法，一切与宪法相违背的法律都是无效的。宪法规定，瑙鲁是独立的共和国，宪法的权威神圣不可侵犯。依据宪法，瑙鲁制定了选举制度，充分保障公民的权利。

---

① 瑙鲁政府网，http：//www. naurugov. nr/government. aspx，2015/12/12。

② 《瑙鲁宪法》，http：//www. paclii. org/nr/legis/num_ act/con256/。

一　宪法

瑙鲁现行宪法于 1968 年 1 月 29 日由制宪会议通过，同年 1 月 31 日生效，包括国家性质、公民权利和自由、总统及行政机构、立法机构、司法机构等 11 章共 100 条。宪法的主要内容如下。[①]

（一）宣布瑙鲁为独立的共和国。

（二）总统由议会选举产生。总统是国家元首，也是内阁首脑。

（三）行政权属于内阁。内阁由总统和总统任命的部长组成。部长必须是议员，因选举新总统或因议会被解散而不再是议员时则终止任职。内阁集体向议会负责。内阁任命瑙鲁秘书长，其职能为：经内阁批准任命公共行政部门官员并对其实施纪律监督，可免除其职务。

（四）议会实行一院制。每三年选举一次，共有 18 名议员。国家保障公民的基本权利，任何公民不分种族、原籍、政见、肤色、宗教信仰、性别等，均享有生命权、自由权等，其人身安全、财产受法律保护。

（五）公民享有信仰、言论、和平聚会和结社自由，任何人均有自由表达思想的权利。除非依据法律，不得剥夺任何人的人身自由，不得剥夺任何人的财产，以及不得强制任何人从事劳动。

---

① 《瑙鲁宪法》，http：//www.paclii.org/nr/legis/num_act/con256/；姜士林等主编《世界宪法全书》，青岛出版社，1997，第 1981 页。

关于宪法的修正，有如下之规定。①

（一）除非依照本条的规定，不得对宪法进行修改。

（二）本宪法可以通过法律加以修改。符合下列情形的修改法案，才能被议会通过。

（1）从该法案在议会提出到法案被议会通过有不少于 90日的间隔。

（2）法案被 2/3 以上议员批准。

（3）依法律规定，由议会议长确认，在举行的全民公决中，法案获得全部有效票的 2/3 以上的多数批准。

（4）凡是在大选时有资格投票选举议员的人，均有资格在根据本条之需要而举行的全民公决中投票，除此之外，其他人均无此资格。

（5）任何修改本宪法的法案，需附有议会秘书的亲笔文书证明，否则不能提交议会议长确认。

二　选举制度

议会实行一院制，每 3 年举行一次大选，由 18 名议员组成。全国划分为 8 个选区，除乌贝尼德选区选出 4 名议员外，其他每个选区选出 2 名议员。8 个选区分别是：艾和选区、阿纳巴尔选区（包括阿纳巴尔区、阿尼巴雷区、伊朱布区）、安鄂滩选区（包括安鄂滩区、埃瓦区）、泊选区、布阿达选区、梅南选区、乌贝尼德

---

① 　姜士林等主编《世界宪法全书》，青岛出版社，1997，第 1981 页。

选区（包括白帝区、德尼高莫都区、尼柏区、瓦博埃区）、亚伦选区。任何议员不得同时兼任其他选区的议员。议员需是年满 20 岁[①]、符合选举条件的瑙鲁公民。瑙鲁政府正进行更深入的讨论，计划将议员年龄从 20 岁降低到 18 岁。瑙鲁政府还计划在寻求议会正式批准前，征询有关政府部门的意见。

由于瑙鲁议员人数较少，一般只要掌握议会 9 个席位就能改选总统，这导致近些年来瑙鲁政治局势极不稳定。

第三节　政府

政府包括中央政府和地方政府。内阁由总统和各部部长组成，负责政府工作的执行。地方事务由地方政府管理。为加强对公务人员的监督和管理，提高政府公职人员的工作效率，瑙鲁专门设立了公共服务上诉委员会。

一　总统

瑙鲁总统是瑙鲁国家元首和政府首脑，由议会从议员中选举产生。如果议长或副议长当选为总统，他必须辞去议长或者副议长职务。总统候选人必须是议员，否则无资格被选举为总统。总统的主要权限为：主持内阁会议；任命 4 ~ 5 名议员组成内阁；亲自任命部长负责政府的任何事务，并有权撤销或改变任命；依法提出解散议会的意见；任命最高法院法官；有权决定实行特赦、缓刑、减刑、豁免刑罚或罚金；宣布国家进入紧急状态。

---

① 《瑙鲁宪法》，http：//www. paclii. org/nr/legis/num_ act/con256/。

当总统认为瑙鲁的国家安全或经济安全受到特别严重的威胁时，应以文告的形式宣布国家进入紧急状态。紧急状态令在下列情况下失效。

（1）如果宣布紧急状态时议会尚未闭会，则自宣布之日起7天后失效。但如果议会以出席并参加表决议员的过半数票通过决议，支持该项紧急状态令，则紧急状态令继续有效。

（2）在任何其他情况下，自宣布之日起21天后失效。

（3）总统可随时以文告的形式撤销紧急状态令。

在紧急状态令生效期间，总统可以发布命令，以保障社会治安、维护公共秩序、维护全体人民的利益。总统所发布的命令，不会因与现有法律规定相抵触而部分或整体失效。这些命令随紧急状态令的失效而失效，但是，出席议会并参加表决的议员，半数及以上同意撤销该命令时，该命令应即刻撤销。

议会选举总统的条件是：总统缺位；议会解散后所产生的新一届议会召开第一次会议；总统提出辞职并已将亲笔辞呈交给议长；议会议员至少有一半通过对内阁的不信任案，议会解除总统及各部部长的决议已获得通过；总统因病、出国或任何其他原因不能行使其职权时，内阁指定1名部长代行其职权；由于议会解散之外的原因，总统不再是议员。

总统被选举产生后，其应当尽快任命1名议员担任副总统，任命4~5名议员担任内阁部长。当总统因病等原因无法履行职责时，其可以以书面形式做出指示，授权副总统履行总统职责，直到总统取消授权。如果总统因疾病等原因不能行使其职责，并且不能授权其他人履行这些职责时，副总统应当履行总统职责。当副总统履行总统职责时，如果其被告知总统将重新开始履行这些职责，他应当

停止履行总统职责。

根据宪法，对总统和内阁的不信任案投票需经至少1/2议员批准通过。通过之后，应当举行总统大选。根据宪法相关规定，不信任案投票被批准后的 7 日期限届满时，如果总统没有被选出，议会应当解散。对总统和内阁的不信任提议应当在提议表决举行前至少5 日递交议长。在议会一个任期内，对总统和内阁的不信任提议第二次获得批准后，议会应当解散。若该提议没有获得批准，在四个月内，不能重复提出同样的提议。

瑙鲁历任总统见表 3 - 1。

表 3 - 1　瑙鲁历任总统一览

届次	姓名(生卒年)	就任日期	卸任日期	党籍
1	哈默·德罗伯特 Hammer DeRoburt (1922~1992)	1968 年 1 月 31 日	1976 年 12 月 22 日	无党籍
2	伯纳德·多威约戈 Bernard Dowiyogo (1946~2003)	1976 年 12 月 22 日	1978 年 4 月 19 日	瑙鲁党
3	拉古莫特·哈里斯 Lagumot Harris (1938~1999)	1978 年 4 月 19 日	1978 年 5 月 15 日	无党籍
4	哈默·德罗伯特 Hammer DeRoburt (1922~1992)	1978 年 5 月 15 日	1986 年 9 月 17 日	无党籍
5	肯南·阿迪昂 Kennan Adeang (1942~2011)	1986 年 9 月 17 日	1986 年 10 月 1 日	瑙鲁党

续表

届次	名字(生卒年)	就任日期	卸任日期	党籍
6	哈默·德罗伯特 Hammer DeRoburt (1922～1992)	1986 年 10 月 1 日	1986 年 12 月 12 日	无党籍
7	肯南·阿迪昂 Kennan Adeang (1942～2011)	1986 年 12 月 12 日	1986 年 12 月 22 日	瑙鲁党
8	哈默·德罗伯特 Hammer DeRoburt (1922～1992)	1986 年 12 月 22 日	1989 年 8 月 17 日	无党籍
9	肯纳斯·阿罗伊 Kenos Aroi (1942～1991)	1989 年 8 月 17 日	1989 年 12 月 12 日	无党籍
10	伯纳德·多威约戈 Bernard Dowiyogo (1946～2003)	1989 年 12 月 12 日	1995 年 11 月 22 日	民主党
11	拉古莫特·哈里斯 Lagumot Harris (1938～1999)	1995 年 11 月 22 日	1996 年 11 月 11 日	无党籍
12	伯纳德·多威约戈 Bernard Dowiyogo (1946～2003)	1996 年 11 月 11 日	1996 年 11 月 26 日	民主党
13	肯南·阿迪昂 Kennan Adeang (1942～2011)	1996 年 11 月 26 日	1996 年 12 月 19 日	民主党
14	鲁本·昆 Ruben Kun (1942～2014)	1996 年 12 月 19 日	1997 年 2 月 13 日	无党籍

续表

届次	名字(生卒年)	就任日期	卸任日期	党籍
15	金扎·克洛杜马尔 Kinza Clodumar （1945～　）	1997 年 2 月 13 日	1998 年 6 月 18 日	中央党
16	伯纳德·多威约戈 Bernard Dowiyogo （1946～2003）	1998 年 6 月 18 日	1999 年 4 月 27 日	民主党
17	勒内·哈里斯 René Harris （1948～2008）	1999 年 4 月 27 日	2000 年 4 月 20 日	无党籍
18	伯纳德·多威约戈 Bernard Dowiyogo （1946～2003）	2000 年 4 月 20 日	2001 年 3 月 30 日	民主党
19	勒内·哈里斯 René Harris （1948～2008）	2001 年 3 月 30 日	2003 年 1 月 9 日	无党籍
20	伯纳德·多威约戈 Bernard Dowiyogo （1946～2003）	2003 年 1 月 9 日	2003 年 1 月 17 日	民主党
21	勒内·哈里斯 René Harris （1948～2008）	2003 年 1 月 17 日	2003 年 1 月 18 日	无党籍
22	伯纳德·多威约戈 Bernard Dowiyogo （1946～2003）	2003 年 1 月 18 日	2003 年 3 月 10 日	民主党
23	迪罗格·吉乌拉 Derog Gioura （1932～2008）	2003 年 3 月 10 日	2003 年 5 月 29 日	无党籍

续表

届次	名字(生卒年)	就任日期	卸任日期	党籍
24	路德维格·斯科蒂 Ludwig Scotty (1948~)	2003 年 5 月 29 日	2003 年 8 月 8 日	无党籍
25	勒内·哈里斯 René Harris (1948~2008)	2003 年 8 月 8 日	2004 年 6 月 22 日	无党籍
26	路德维格·斯科蒂 Ludwig Scotty (1948~)	2004 年 6 月 22 日	2007 年 12 月 19 日	无党籍
27	马库斯·斯蒂芬 Marcus Stephen (1969~)	2007 年 12 月 19 日	2011 年 11 月 10 日	无党籍
28	弗雷德里克·皮契尔 Frederick Pitcher (1967~)	2011 年 11 月 10 日	2011 年 11 月 15 日	无党籍
29	斯普伦特·达布维多 Sprent Dabwido (1972~)	2011 年 11 月 15 日	2013 年 6 月 11 日	无党籍
30	巴伦·瓦卡 Baron Waqa (1959~)	2013 年 6 月 11 日	2016 年 7 月 13 日	无党籍
31	巴伦·瓦卡 Baron Waqa (1959~)	2016 年 7 月 13 日	现职	无党籍

资料来源：太平洋共同体（SPC），略有调整。

瑙鲁第三十一任总统是巴伦·瓦卡，他不仅是国家元首和政府首脑，还兼任内阁主席以及公共服务部、警察和紧急事务部、内政部、气候变化部等部部长。

除了受执政党与反对党的影响，家族势力也会对总统选举产生影响。因而，当选者与落选者之间的票数差距较小。

根据国际透明组织（Transparency International）的调查报告，太平洋岛国的"腐败指数"位于 3.0～3.9 之间，属于清廉不佳的状态。瑙鲁的清廉状态在太平洋岛国位于中下等。

二 内阁

根据瑙鲁宪法，瑙鲁行政权属于内阁。内阁由总统和依照宪法第 19 条任命的各部部长组成。内阁可以制定其议事规则。总统应当主持内阁会议，全面指导和管理瑙鲁政府。内阁集体向议会负责。内阁成员在开始履行职责前，应当按照宪法所陈述的誓词宣誓并签字。内阁成员不得担任瑙鲁服务部门或具有收益性部门的法人。

各个部长由总统任命。总统可以亲自或指派部长负责瑙鲁政府的任何事务，并可以根据宪法之规定撤销或更改指派。当部长已承担管理政府部门的责任时，其应当履行该部门的职责，并且遵守相关指示和制度。下面简要介绍瑙鲁的几个主要的政府部门。

内政部又称作首席秘书部，是中央政府的核心部门，下分五个部门，分别是秘书处，人力资源管理和劳动力办公室，出生、死亡和婚姻办公室，后勤办公室，邮局。内政部在监督所有部门的平稳运行方面起着非常关键的作用，主要职责是维护和监督公共服务部门及其日常活动，协助部长和总统办公室工作。内政部还负责召开内阁会议、实施政府政策，处理内阁文件，为议会、总统大选做准备。内政部部长具有以下权力：遵守宪法规定，任命公共服务部门人员，并对其实施纪律监督；免除此类人员的职务。部长可以依法授权特定官员，在遵守特定条件的情况下，对政府工作人员实施纪律监督。

外交和贸易部负责推进瑙鲁海外贸易和保障在国外的瑙鲁公民的利益。通过瑙鲁驻国外的外交使团，开展瑙鲁政府与其他国家之间的双边和多边合作，在外交关系、条约签订、项目开发和贸易相关问题上，与其他国家和国际组织进行对话交流。

司法和边境管理部的主要职责是维护瑙鲁宪法权威，保障公民权利，为政府工作提供法律建议和咨询，维护公民在民事诉讼和刑事诉讼中的公平正义。司法和边境管理部已经成为政府最大的部门之一。该部下设6个部门，包括秘书处、起诉办公室、区域管理办公室、移民和护照办公室、检疫和惩教服务办公室、难民身份确定办公室。

教育部担负着培训和教育瑙鲁公民以及为子孙后代未来发展奠定基础的任务。教育部主要教育目标是培养瑙鲁未来的政府、企业、社区的领导人，实现瑙鲁的可持续发展。

财政部是监督、协调瑙鲁公共财政和资源的部门。财政部的目标是确保金融资源得到有效管理和利用。财政部下辖四个部门：财务处、瑙鲁税务署、计划和援助署、瑙鲁统计局。财政部的主要职责是：按照宪法要求，加强国家公共资金的管理；保障公共资金在各部门和经济活动中得到广泛分配；为政府运转、经济和社会发展提供政策建议；加强对国有企业的财务监督，为改善企业财务状况提供政策建议；制定和报告政府年度预算、发展基金；提高政府收入管理的效率，提升国内税收水平；协调国家可持续发展战略的开发和评审；获取国外捐赠支持开发项目，协调与发展援助国家之间的关系；监控国家经济和社会发展参数、生产数据和信息；为解决瑙鲁发展需求，对政府财政政策进行有效性分析，并告知政府和制定新政策。

电信部下辖电信监管局、信息和通信技术局，负责瑙鲁以及瑙鲁与其他国家间的通信和网络系统。主要职责是：负责网络基础设施布局、通信和互联网连接，管理和维护瑙鲁政府 IT 设备，支持软件和硬件系统更新。

瑙鲁国小地狭，人口稀少，政府部门设置不太健全。有的部长一人身兼数职。如出现以下情况，部长终止担任职务：举行总统选举；部长本人将书面辞呈递交总统，辞去职务；被总统免除职务；由于议会解散以外的原因，部长不再是议员。

当前内阁是 2013 年 6 月 13 日组成的，在 2016 年 7 月 13 日大选过后，内阁依旧没有改变。总统巴伦·瓦卡兼内阁主席，负责公共服务、外交与贸易、气候变化、警察和紧急事务；大卫·阿迪昂（David Adeang）负责财政与可持续发展、司法和边境管理；沃尔登·多威约戈（Valdon Dowiyogo）负责卫生、交通、渔业、通信；亚伦·库克（Aaron Cook）负责商业、工业与环境、公共事业；查梅因·斯科蒂（Charmaine Scotty）负责内政、教育与青年、土地管理；沙乐可·博尼科（Shadlog Bernicke）负责瑙鲁磷酸盐特许信托基金、电信、瑙鲁公用事业公司。

三　公共服务上诉委员会

为了加强对公职人员的管理、提升公共服务水平，瑙鲁设立了公共服务上诉委员会（Public Service Appeals Board）。公共服务上诉委员会隶属内政部，其组成人员包括：首席法官，担任该委员会主席；一名由内阁任命的成员；一名依法律规定由公职人员选出的代表。议员无资格担任公共服务上诉委员会委员。公共服务上诉委员会委员应当遵守宪法和法律，应当行使和履行法律所赋予的权力，遵守委员会的议事规则。内政部通过书面授权，授予公共服务上诉委员会委员某项权力，对委员会之外的公职人员进行纪律监督。内政部至少一年要向内阁书面汇报一次该委员会权力执行情况，内阁要将此情况汇报给议会。

出现下列情形，公共服务上诉委员会委员终止其任职：被选为议员；如其是内阁任命的，被内阁免职，或本人已将亲笔辞呈呈交总统，提出辞职；如其是公职人员选出的，任期届满或依法被免职，或本人已将亲笔辞呈呈交秘书长，提出辞职。除首席法官外，当公共服务上诉委员会的委员根据宪法因故不能或无资格履行其职责时，内阁可以对其做出如下决定：如其是内阁任命的，则由内阁另行任命一名非议员代表；由公职人员选举的，则依照法律规定，重新指定一人，由该人担任公共服务上诉委员会委员。

除首席法官外，公共服务上诉委员会委员无资格对某些法律规定的事项行使权力。上诉至公共服务上诉委员会的案件，经查明属实后，应对相关的公职人员做出免职或给予纪律处分的决定。除法律另有规定外，公共服务上诉委员会的裁决属于最终裁决，不得对决议进行上诉。宪法规定，对警察事务上诉，可以直接上诉至警察服务上诉委员会。

四 地方政府

瑙鲁行政管理中心位于亚伦区，全国 14 个区的地方事务由地方政府委员会（Local Government Council）负责。地方政府委员会成立于 1951 年，前身是酋长委员会，由 14 个区选举产生的 9 名委员组成，负责处理有关瑙鲁人的事务，协助政府处理商业方面的事务。酋长委员会成立于 1928 年，那个时候酋长委员会的权力有限，主要是向管理当局提出建议，当局并不一定会采纳酋长委员会提出的建议。1948 年，酋长委员会向联合国托管理事会（United Nations Trusteeship Council）提出意见，认为瑙鲁当地人的生活和财政没有被管理当局纳入政策制定的考虑范围。1950 年，联合国考察团首次到达瑙鲁，考察团向联合国托管理事会建议扩大酋长委员会的权力，包括授予其立法权和财政预算权。这个建议被澳大利亚管理当局接受，1951 年 8 月 20 日，《瑙鲁地方政府委员会条例》（Nauru Local Government Council Ordinance）获得通过。地方政府委员会每四年一届。1971 年，《瑙鲁地方政府委员会保障法》（Nauru Local Government Council Guarantee Act 1971）获得通过①。

自 1992 年起，政府设立瑙鲁岛屿议会（NIC）。议会的权力很小，其作用类似于顾问，向中央政府提供关于地方事务的意见和建议，其专注于瑙鲁人发展的相关事宜。民选的岛屿议会议员不能同时兼任议会议员。岛屿议会在 1999 年自行解散，其财产及职责转归中央政府。

第四节　立法与司法

瑙鲁立法权属于议会。宪法规定司法权独立，瑙鲁政府尊重司

---

① Nauru Local Government Council Guarantee Act 1971, http：//www. paclii. org/nr/indices/legis/Chronological－Index－of－Nauru－Acts－of－Parliament. html.

法的独立性。法律制定建立在英国普通法和瑙鲁习俗、行为习惯的基础之上。瑙鲁司法系统也体现了本土化的特点,专门设置有家庭法院。瑙鲁司法系统对澳大利亚存有依赖性,终审法院是澳大利亚高等法院。

一　议会

瑙鲁的立法权属于议会。根据宪法,议会可以为实现瑙鲁的和平、秩序和社会发展制定法律,制定的法律在瑙鲁具有法律效力。

1968 年 1 月,宪法生效时将议会称为立法议会,同年 5 月 17 日改称议会。瑙鲁独立后,第一届议会于 1968 年 1 月召开。议会实行一院制,每三年举行一次大选,由 18 名议员组成。在进行议会议员选举时,全国划分为 8 个选区。议会设议长、副议长及议会秘书。议长在国家政治生活中的地位仅次于总统,由议员通过秘密投票选举产生,负责主持议会会议。如果议长缺位,在选出新议长前议会不得处理任何事项。内阁成员不得当选为议长。如有下列情形之一,议长应终止任职:由于议会被解散而不再担任议员;成为内阁成员;根据议会决议被免职;本人提出辞职并已将亲笔辞呈送交议会秘书。

议会在选出议长之后,须从议员中推选一人担任副议长,如果副议长缺位,应尽早补选。如有下列情形之一,副议长应立即终止任职:由于议会被解散而不再担任议员;成为内阁成员;根据议会决议被免职;本人提出辞职并已将亲笔辞呈送交议会秘书。如果议长缺位、缺席议会会议或无能力行使宪法授予的职权,则由副议长代行议长职权。如果副议长也缺席或无能力行使该职权,应从议员中选出一人代行该职权。

议会设议会秘书一人，负责议会会议的准备工作。议会秘书由议长任命，议员不得被任命为议会秘书。议会秘书可随时提出辞职，但须向议长呈交亲笔辞呈，议长也可随时免去议会秘书的职务。如果议会秘书缺位，议长可指定任何非议员的人履行议会秘书职责。

议会及议会各下设委员会的权力由议会宣布。议会可制定、修改或撤销有关议会的规定。

属下列情形之一者，议员将丧失其议员资格。

（1）在他当选后议会被解散。

（2）在选举中无资格当选，而被选为议员者。

（3）已呈交亲笔辞呈提出辞职（如是议长和副议长，将辞呈送交议会秘书，如是议长之外的其他议员，将辞呈送交议长）。

（4）在两个月内，未经议会准假，议会每次开会时均无故缺席。

（5）不再是瑙鲁公民。

宪法还规定了议会发言人、代理发言人、议会程序、议会会议的召开、解散议会等内容。议员可以向议会提出宪法修正案。

任何法案，自获得议会通过之日起，即成为法律。除宪法另有规定者外，议会对任何问题做出决定，须以出席并参加表决议员的过半数通过。宪法可以通过法律加以修改，但从宪法修正案在议会提出，到被议会通过的时间间隔至少为 90 天，并以不少于议员总数 2/3 多数通过。凡是修改或涉及修改宪法中的一些特殊章节和条款的法案，在经议会通过后，必须再在举行的公民复决①中获得全

---

① 只有在大选时有资格投票选举议员的人，才有资格在公民复决中投票。

部有效票的至少 2/3 多数票通过，然后提交议长进行备案。2009
年，议会通过的《宪法（修正案）》建议修订若干条款，但在公民
复决时未获得通过。2014 年提交议会的《宪法（修正案）》在公
民复决时未获得 2/3 多数票。《宪法（修正案）》还会面临议会僵
局问题，这种僵局影响了议会的正常运作。

二 法律体系

瑙鲁的法律体系是混合法律体系，基于英国的普通法和习惯
法。瑙鲁制定了《刑法》、《网络犯罪法》、《收养法》和《国籍
法》等一系列法律。

在刑法方面，瑙鲁实行的还是 1899 年依据《昆士兰刑法典》
制定的《刑法》。2016 年，澳大利亚司法部（太平洋科）与瑙鲁
司法和边境管理部、瑙鲁警察部队进行合作，计划为瑙鲁起草一部
新《刑法》。新《刑法》将取消所有性别歧视性条款，确保遵守联
合国《消除对妇女一切形式歧视公约》的义务。瑙鲁现在关于制
定家庭暴力法的呼声十分强烈。新《刑法》的目标是，使瑙鲁刑
法现代化，以使它能够符合社会发展要求以及兼顾刑事司法系统的
各个方面的利益。

新《刑法》还将把所有性犯罪归至一个部分，这使瑙鲁警察部
队和检察长在对涉及暴力侵害妇女罪行判处时更有法可依。2015 年，
瑙鲁对《刑法》进行了修改，废除死刑，规定同性恋非刑罪化。①

尽管瑙鲁议会尚未颁布一项死刑法律，但是宪法规定，议会有

---

① http：//www. ambafrance – fj. org/Nauru – updates – its – Criminal – Code – abolishes – Death –
Penalty – and – Decriminalize.

权力制定一项法律实施死刑。鉴于瑙鲁承诺并签署了《公民权利和政治权利国际公约》及《禁止酷刑和其他残忍、不人道或有辱人格的待遇或处罚公约任择议定书》，因而，瑙鲁通过一部法律实行死刑不大可能。

三　司法

依据宪法，瑙鲁司法权赋予最高法院以及由议会依照法律设立的其他法院。最高法院是高级存卷法庭，行使宪法和法律所授予的司法审判权。司法部隶属司法和边境管理部。司法部部长是政府的首席法律顾问，并且是司法、移民、检疫、惩教服务和无遗嘱房产事务的行政主管官员。司法和边境管理部雇用了九名律师、一名抗辩人和一名律师助理。司法部副部长除了负责日常工作，还要向司法和边境管理部部长、独立的检察长、公设辩护人、人权律师和检察官汇报工作进展。

瑙鲁的司法系统十分复杂，设有最高法院和下级法院。此外，瑙鲁还有两个准法院：公共服务上诉委员会和警察服务上诉委员会，均由首席法官主持。首席法官可以制定、发布以及修改有关最高法院和其各组成庭及依法律设立的其他法院的规则，包括有关远距离程序规则和从他处的任何法庭以适当的方式获取证据的规则。2010 年 12 月，澳大利亚人杰弗利·埃姆斯（Geoffrey Eames）受聘担任首席法官，兼任公共服务上诉委员会主席。

瑙鲁司法程序中具有保护本国和外国公民基本权利的措施，包括：无罪推定；及时知情被指控犯有何罪的权利；有充分时间准备辩护的权利；寻找证人、提出证据和上诉的权利；获得陪审团的权利；禁止双重危险和强迫自我归罪。司法审判是公开的，为了公正起见，被告有权获得法律顾问、辩护代表。

1. 最高法院

最高法院（Supreme Court）行使宪法和法律所授予的司法审判权。首席法官由总统咨询内阁后任命。最高法院对解释或实施宪法任何条款方面所产生或涉及的任何争议事项有初始裁决权。当总统或部长就内阁在解释和实行宪法任何条款方面所发生的或有可能发生的争议向最高法院提出自己的意见时，最高法院应在法庭上对该项争议公开宣布意见。根据瑙鲁和澳大利亚的协定，如瑙鲁要求，澳大利亚的最高法院可以受理瑙鲁各级法院的上诉。由于上诉费用非常高，这种上诉案件极少发生。

根据宪法，最高法院由首席法官以及法定数额的两名其他法官或更高级别的法官组成，包括一个审判庭、一个宪法法庭和一个上诉法庭。最高法院的法官由总统咨询内阁后任命。被任命为最高法院的法官，除具备丰富的教育经历、司法经验以及高尚的人品，还需具备下列条件。（1）依法律规定，在瑙鲁被授予出庭律师或事务律师执业资格不少于5年。（2）在太平洋地区国家或在指定的国家中担任过或已经担任高级司法官员。"指定的国家"由司法部部长在咨询首席法官后在政府公报中予以公布。这些国家拥有与瑙鲁相似的法律体系。（3）依法律规定，在太平洋地区或在任何指定的普通法国家中被授予作为出庭律师或具备律师执业资格，并且获得此资格和工作时间合计不少于7年。

担任最高法院法官需要按照法律规定的陈述誓词宣誓并签字，否则不得履行其职责。一般情况下，最高法院法官年满65岁，其职务会被终止。如果议会中2/3以上的议员认为某位法官不称职或渎职，那么他的职务也会被免除。当然，最高法院法官也可以向总

统递交亲笔辞呈，提出辞职。

在下列情形下，可以指定首席法官或者最高法院法官。

（1）如首席法官缺位或因故不能履行职责，根据实际情况可以任命某人代为履行其职责，或在首席法官重新开始履行职责前，由总统从最高法院的其他法官中指定一人代行首席法官职务。如最高法院并无其他法官，可由总统指定一名有资格担任最高法院法官的人代行其职责。

（2）根据工作情况需要，总统可以任命一名有资格担任最高法院法官的人为最高法院法官，在此情况下任命的法官，可以不受年龄的限制。被任命的最高法院法官应当按任期任职，如无明确任期，则任职至被总统撤销时止。

依据宪法，总统或部长可以根据内阁的批准，向最高法院提出对宪法中的某些问题或将来有可能出现的问题进行解释，最高法院应在法庭上公开就该问题发表意见。

2. 下级法院

下级法院由地方法院（District Court）和家庭法院（Family Court）组成，拥有法律规定的司法权及其他权力。[1]

地方法院由地方法官主持，处理民事、刑事案件。家庭法院由地方法官和至少两名平民陪审员组成，地方法官为主席，处理家庭纠纷和儿童福利案件。[2]

3. 法律普及

由于传统习俗和习惯的存在，在瑙鲁进行法律普及非常重要。

---

① 胡德华、陈玮：《各国妇女儿童权益的宪法保障》，中国民主法制出版社，1991。
② 姜士林、鲁仁等主编《世界政府辞书》，中国法制出版社，1991，第 750 页。

特别是瑙鲁加入了一些国际公约，在对待妇女、儿童以及自然保护等方面与国际组织的要求仍有一定的差距。为了符合国际组织的要求，瑙鲁内政部及司法和边境管理部、非政府组织通过各种途径推进法律普及工作。

2015 年 2 月和 3 月，内政部及司法和边境管理部的官员在瑙鲁的 14 个区进行了关于《消除对妇女一切形式歧视公约》、《残权公约》和《儿权公约》执行情况的社区调研。调研小组成员包括家庭暴力咨询员、社区服务主任、安全之家辅导员、妇女事务主任、人权事务高级律师、诉讼律师、公设辩护人和来自太平洋共同体秘书处人权科的国家协调中心干事。

2015 年 3 月，在司法和边境管理部的支持下，太平洋共同体秘书处为民间社会组织举办了关于国际公约定期审议问题的研讨会，鼓励民间社会组织编写和提交基于重要问题的报告。民间社会组织还讨论了如何通过建立有效网络和促进会外活动与人权理事会的有效合作。

2015 年 7 月，内政部邀请司法和边境管理部举办了关于消除暴力侵害妇女行为、维护人权和《儿童权利公约》的为期 5 天的培训班。内政部向宗教组织和社会团体发出了邀请，神召会学校校长、圣母军天主教妇女团契协调员、瑙鲁会众妇女团契理事会秘书、瑙鲁青年团契理事会会长、瑙鲁残疾人协会会长、NIANGO 协调员、社区领袖以及负责处理妇女和儿童有关问题的政府部门负责人等参加了培训班。

4. 司法局限

受现有法律的制约，瑙鲁司法存在一定的局限。如，2014 年《移民法》中没有明确将买卖、贩运和诱拐儿童定为犯罪，在保护被买卖、贩运或诱拐的儿童，为他们提供支持等方面缺乏足够的政策指导和措施保障。瑙鲁缺乏专门的地方法官和训练有素的儿童权利工作人员，并且在处理犯罪儿童时未能充分适用公认的少年司法标准。有报告称，在瑙鲁，包括儿童在内的被拘留者遭到虐待，没有单独关押儿童犯的拘留场所。另外，位于瑙鲁岛东南部的澳大利亚瑙鲁难民处理中心，由于没有遵守相关国际法，遭到国际社会和国际组织的谴责和持续关注。

另外，由于上诉需要相关费用，上诉人出于对经济负担和家庭名誉受损的风险考虑，在案件进入起诉阶段时就撤诉。

四 检察机关

检察长由总统与内阁协商后任命，应当是有资格被任命为最高法院法官的人，在担任检察长后不应当再担任任何其他公职。

依照宪法，检察长拥有下列职权。

（1）提起刑事诉讼。

（2）接管由其他人或机关提起的刑事诉讼。

（3）在案件交付审判前，制止他人或机关对案件进行诉讼。

（4）根据瑙鲁法律，其被授权或应当做的事。

瑙鲁宪法赋予检察长的权力，其他任何人或机关不得干扰。当任何其他人或机关提起刑事诉讼，该人或机关可以在获得检察长批准后停止这些诉讼。

检察长履行其职责时，应当遵守如下规定。

（1）应当独立行使职权，除非有管辖司法权的法庭的合法命令，不得接受来自内阁或任何其他人或机关的指示，也不得个人或指示下属做有可能影响案件正常判决的事情。

（2）检察长职位空缺，或检察长因任何原因不能履行其职务时，当由司法部部长任命有资格的公职人员代为履行职责。

出现下列情形，检察长应当停止担任职务：任期届满；因无能力、严重渎职或不能胜任而由内阁免除其职务；向总统递交亲笔书面辞呈辞去其职务。

五 监 狱

瑙鲁全国只有一所监狱，只能容纳 80 人。监狱条件符合国际标准。短期被拘留者（不超过 24 小时）会被安排在监狱的低风险地区，而不是安排在由海运集装箱改装成的监狱中。政府允许囚犯和被拘留者向司法当局提出申诉。申诉可以通过其家庭成员、律师向司法当局提出，也可由其本人直接向监狱主管官员提出。所有对监狱的申诉均由负责官员协助调查，如有必要，警察也会介入。政府代表每周会视察监狱。教会团体和家庭成员前往监狱探访是被允许的。①

在瑙鲁，逮捕是公开进行的。在逮捕前，授权官员会出示逮捕命令，或者警察指控其犯有某种罪行。在裁判官聆讯前，警方关押拘留时间不超过 24 小时。瑙鲁有一套完整的保释体系。传统和解机制不是正式的法律程序，在许多情况下会选择性使用，但有时在公共压力下也会采用。随着法律的普及，这些权利扩大到所有公民。依照法律规定，被告人可以获得法律援助。

外国公民在瑙鲁被逮捕和拘留后，当局会允许被拘留者与其国家相关机构联系。如果有任何健康或福利问题，可向监狱当局提

---

① https：//www.gov.uk/government/publications/nauru－prisoner－pack.

出。其家属和朋友可以到瑙鲁监狱进行探访，不过需要履行相关程序。根据国家间的囚犯协议，可以申请领事支持，进行协商解决。瑙鲁公民若在国外犯罪，会被记录到个人的犯罪记录中。瑙鲁是英联邦成员，英国对本国公民在瑙鲁犯罪实施涉外援助。

一些非政府组织可以为在瑙鲁犯罪的人提供法律支持和人道主义援助。监狱团契（Prison Fellowship International）是一个国际基督教组织，向所有人提供支持和帮助，无论其信仰何种宗教或有无宗教信仰。公平审判国际组织（Fair Trials International）旨在帮助被指控犯罪的个人理解和行使公平审判权（访问网址：www. fairtrials. org）。

第五节 政党、武装力量及社会组织

瑙鲁由氏族社会被纳入世界体系，政治制度受到西方的影响，但是在传统家族因素的影响下，政党发展极不成熟。由于地理位置特殊，国小人少，瑙鲁武装力量较少，社会组织不健全。

一 政党

瑙鲁在历史发展进程中，没有形成建制完善的政党。2005 年前，瑙鲁曾有三个在政坛活跃的政党，分别是瑙鲁民主党、瑙鲁中央党、瑙鲁第一党。2010 年以后瑙鲁政坛没有再出现政党活动的信息，现在政治家一般分属于执政党与反对党两派。

瑙鲁民主党是最早成立的政党。瑙鲁民主党作为一个非正式的政党存在于 20 世纪 70 年代，当时的领袖是伯纳德·多威约戈，多威约戈在议会中给予该党很大的支持。1987 年 1 月，该党正式成立，由前总统肯南·阿迪昂创建。当时该党最大的目标是制约时任总统哈默·德罗伯特权力的过度膨胀，并在议会中发挥制衡作用。不久，德罗伯特被议会投了不信任票，随后下台。伯纳德·多威约戈是担任国家总统的最后一位民主党成员。2003 年，伯纳德·多威约戈去世，该党的影响逐渐丧失，连议会的一个席位也没有保住。瑙鲁中央党由瑙鲁前总统金扎·克洛杜马尔（Kinza Clodumar）创建。1997～2003 年，该党只在议会中拥有一个席位。在 2004 年 10 月大选后，连这一个席位也失去了。2003 年，肯南·阿迪昂的儿子大卫·阿迪昂（David Adeang）创立了瑙鲁第一党（First Party）。在 2007 年的总统大选之后，大卫·阿迪昂被排除出内阁，他的外交部部长的职位被可可（Kieren Keke）取代，瑙鲁第一党的影响逐渐减弱。

在瑙鲁，无论是议员选举还是总统选举，受家族势力、个人势力、公司利益影响较大，所以能够赢得总统大选是非常不易的事情。因为议会席位较少，反对派只要获得家族和其他议员的支持，就很可能推翻执政者获得政权。

二 武装力量

瑙鲁没有正式军队，全岛只有 100 多名警察负责维持社会治安，维护国家机器的正常运行。另外，瑙鲁还有一些预备役人员，当社会发生动乱时协助警察维持社会治安。根据瑙鲁政府与澳大利亚政府签订的非正式协议，瑙鲁的防务由澳大利亚协助。[①]

---

① http://www.radioaustralia.net.au/international/2013 – 10 – 02/citizen – reservists – trained – to – step – in – if – nauru – police – overwhelmed – again/1198880.

警察队伍由 1 名警察局长指挥，每名警察管辖 110 人左右。瑙鲁警察直接向政府负责。警察的工作包括巡逻、刑事侦查和一般性的社会服务，平时不携带武器。[①] 瑙鲁警察部队有 23 把枪。瑙鲁警察机关的职权和职责主要包括：阻止和调查犯罪行为，维护公共秩序，保护瑙鲁人民的生命安全和财产安全，保障法律得到遵守。

议会建立公共服务上诉委员会并为警察规定特别条款。警察服务上诉委员会成员不少于 3 人且均为非议员。其中一人是首席法官，其为该委员会主席；一人是秘书长；还有一人从警察成员中选举产生。依照法律规定，瑙鲁警察机关负责官员必须经警察服务上诉委员会的同意，任命瑙鲁警察机关成员。瑙鲁警察服务上诉委员会要根据诉讼请求，对相关的公职人员做出免职或给予纪律处分的决定。警察服务上诉委员会应当行使法律所授予的其他权力和职权，并应当遵守宪法和任何法律的规定，制定委员会的议事规则。除法律另有规定外，任何人不得对警察服务上诉委员会的裁决提出上诉。

三 社会组织

由于国小人少，远离世界贸易中心，加上交通不便，国际组织没有在该国设立分支机构。瑙鲁因为非政府组织较少，政府也未设立非政府组织的登记机构。

瑙鲁有少数非政府组织，其中大多数隶属于瑙鲁非政府组织协会（Nauru Island Association of Non – Governmental Organisations,

---

[①] 宋万年、宋占生等主编《外国警察百科全书》，中国人民公安大学出版社，2000，第 1284 页。

NIANGO）。瑙鲁非政府组织协会是国家唯一认可的非政府组织团体。截至 2007 年，它有 25 个非政府组织成员。非政府组织的活动部分得到新西兰国际援助和发展署的资助。

在妇女工作方面，有全国妇女理事会和瑙鲁妇女创业协会等非政府组织。全国妇女理事会是瑙鲁非政府组织协会的成员，是主导性别事务的非政府组织。它与国家妇女事务部密切合作。瑙鲁妇女创业协会（Nauru Women's Entrepreneurial Association，NWEA）主要是协助妇女创立和经营小型企业。来自社区培训中心的毕业生，协助创业协会的成员发展园艺、烹饪、缝纫以及其他谋生技能。太平洋岛国论坛秘书处协助瑙鲁政府制定合适的政策，改善工作状况，增加就业机会。在技术领域和经营领域，让更多的女性获得就业机会，获得资金支持。

残疾人非政府组织残疾人协会，主要负责调查瑙鲁残疾儿童的需求。健康岛理事会（Healthy Island Council）也是一个非政府组织，由全国各区代表和教会代表组成。

瑙鲁的工会组织很少，因为国家没有工会机构或者活跃的工会组织。尽管如此，一些企业确实为其工人提供各种支持。

第四章

经　济

自国家独立以来至 20 世纪末，瑙鲁的财政收入主要依赖向澳大利亚、新西兰出口磷酸盐。随着磷酸盐矿的持续大规模开采，磷酸盐矿即将枯竭。瑙鲁政府也预料到这一结果，曾利用销售磷酸盐的收入进行大量海外投资，但是多数项目经营不善，效益不佳。由于土地面积有限，瑙鲁的种植业、林业发展都非常有限。尽管渔业资源丰富，但是国内开发能力有限。当前，由于地理位置偏僻，经济规模小，土壤贫瘠，自然环境恶劣，有限的可开发资源不能满足日益扩大的人口就业机会需求。瑙鲁经济结构较为单一，经济、财政极度困难，严重依赖外援。2013 年，巴伦·瓦卡政府上台，实施一系列经济制度改革，转变经济模式，瑙鲁经济增长强劲。

第一节　经济概况

在西方国家到来之前，瑙鲁经济和其他岛国经济基本发展类似，以简单的种植业和渔业为生。在西方殖民者到来后，特别是岛上的磷酸盐资源被发现后，瑙鲁的经济结构基本上以磷酸盐矿开发为主。

一　殖民地时期的经济

1798 年瑙鲁被英国发现，此后就沦为列强争夺的殖民地，尤其是其丰富的磷酸盐资源被发现后，经济一直为他国所掌控。20世纪初，英国人获准在瑙鲁开采磷酸盐。英德两国主导的太平洋磷酸盐公司开始对其进行掠夺式开发，大量的磷酸盐资源被运抵澳大利亚中转，然后出售给其他国家。第一次世界大战后，德国被迫放弃在瑙鲁的利益。在国联的分赃会议上，瑙鲁被划为托管地，由英国、澳大利亚和新西兰三国共管，英国无疑在其中占有绝对的主导地位。1920 年，三国收购太平洋磷酸盐公司，组建了英国磷酸盐公司，继续掠夺瑙鲁岛上的磷酸盐资源，从中获得巨大的利益。第二次世界大战时，瑙鲁曾短暂被日军占领。经济发展一度受到严重影响，不仅基础设施遭到破坏，耕地被征用，而且磷酸盐开采也受到影响。

二　第二次世界大战后的经济发展

1945 年 6 月 26 日，联合国成立托管理事会，负责监督置于国际托管制度下的托管领土的管理。1947 年，瑙鲁成为联合国的托管地，由澳大利亚、新西兰、英国三国共管。由于缺少实际权力，作为瑙鲁经济命脉的磷酸盐矿，仍掌握在英国磷酸盐公司手中。第二次世界大战后很长一段时间，瑙鲁的经济仍然没有获得独立，开采磷酸盐矿仍然是瑙鲁最为主要的经济生产方式及经济来源，农业基本没有多大变化，与前一时期大致相当，仍只占国民经济极少部分。渔业有所发展，但丰富的鱼类资源仍待开发。

第二次世界大战以后，有两方面的原因促使瑙鲁人把磷酸盐矿看成一种经济财富。从瑙鲁内部社会看，战后生活水平的波动让瑙鲁人感受到磷酸盐补偿金的重大意义。战后初期，瑙鲁人直接参与磷酸盐生产活动，对磷酸盐作为一种经济财富也有了直观的认识。1948 年，瑙鲁正式向联合国托管理事会申诉，要求对自己岛屿的财政控制权。从国际社会看，联合国托管理事会也促使瑙鲁人认识到磷酸盐产业是其经济主权的一部分。从 1950 年开始，联合国托管理事会历届会议都竭力敦促澳大利亚推进瑙鲁人的"进步事业"。在理事会引导下，1955 年瑙鲁全民公投后成立了代议自治机构"地方政府委员会"。1953 年，托管理事会要求磷酸盐公司公布收益，以便确定如何提升对瑙鲁人的补偿。1954～1955 年，磷酸盐公司表示愿意增加补偿金，但拒绝公布收益情况。于是从 1956 年开始，托管理事会勒令澳大利亚代表向瑙鲁人解释："开采磷酸盐给瑙鲁带来了繁荣，但是瑙鲁人应该从中获得最大收益。"二战前，瑙鲁人几乎从未主动要求增加补偿金，可到 20 世纪 60 年代，磷酸盐已完全被定义为国家和民族的财富。自 1962 年开始，联合国邀请大酋长德罗伯特作为本土代表参加会议。他在 1966 年托管理事会上明确宣布："托管当局在不经过瑙鲁人民同意的情况下不能开采磷酸盐。瑙鲁人得到补偿是理所应当的，而不是特许优待"，"开采瑙鲁人民自然资源的收益，理应累积到瑙鲁人民身上"。

作为战后亚非拉地区反殖民主义运动的一部分，瑙鲁人收回资源主权的要求是无可厚非的，联合国的推动也是值得肯定的。但是，瑙鲁人单纯强调磷酸盐资源的经济价值是目光短浅的。因为一方面磷酸盐不是一种取之不尽的资源，另一方面磷酸盐产业不仅仅带来经济收益，伴随的还有对环境的破坏。1962 年，联合国派出了一个联合考察团前往托管地瑙鲁等地进行考察，对瑙鲁提醒道：瑙鲁的发展存在一个矛盾，那就是表面上的幸福状态与未来发展的不确定性，而且这种不确定性会令人震惊。这种和平、幸福、安全的状态是带有欺骗性的，这是一个假天堂。对于这些温和的人民来说，要让他们知道现在的快乐状态不能维持下去。①

1968 年，瑙鲁成为一个主权独立的国家。1970 年，瑙鲁在新政府的强烈要求下，以 2100 万美元的价格从澳大利亚手中购买了其在瑙鲁的全部磷酸盐业务，组建了完全属于本国所有的磷酸盐公司。经济自主后，磷酸盐矿的开采给瑙鲁带来了巨大的财富，仅磷酸盐一项，每年就能带来约 1 亿 ~ 1.2 亿澳元的收益。正因如此，瑙鲁最风光的时刻，政府每年支出达到 3000 万澳元左右，政府每年盈余也高达 8000 万澳元。同时，瑙鲁政府在世界各地进行了大量的投资以求获取利润。据不完全统计，截至 20 世纪 90 年代，瑙鲁的海外投资总计高达 10 亿美元，投资地包括澳大利亚、菲律宾和美国等地。

20 世纪中后期，瑙鲁因拥有磷酸盐矿，被称为"太平洋的科威特"，瑙鲁的公民和政府官员无不以此为傲。在经济状况较好时，富有的瑙鲁没有税收，医疗和教育全部免费，水、电、住房基本不要钱。政府也在那时买了几架波音 737 客机、几艘轮船和一些国际酒店，还成立了一只信托基金。80 年代，这只基金被曝其资产规模超过 1 万亿澳元。不过，瑙鲁在极其富裕

---

① United Nations, *Visiting Mission to the Trust Territories of Nauru and New Guinea* , New York, U. N. , 1962.

的时候并不注重平衡国内的社会发展和环境恶化问题。正是这种盲目的自信直接造成了瑙鲁经济的外强中干，导致了经济神话的破灭。

瑙鲁航空公司是在独立后两年成立的公司。1980年这家公司拥有5架波音飞机。公众舆论指出，德罗伯特总统把那些飞机当成了自己的现代化汽车。国民乘坐飞机不需要花钱，或者仅需要花很少的钱。结果，公司从成立以来至20世纪80年代末期损失数亿美元。当磷酸盐矿的收入减少时，1989～1994年担任总统的伯纳德·多威约戈，不但没有解散航空公司和裁减政府工作人员，反而增加了政府工作人员。

20世纪80年代末至90年代初，瑙鲁的磷酸盐矿逐渐枯竭。1988～1989年，磷酸盐出口仍使瑙鲁获得1.25亿澳元的收入，从1990年开始，来自磷酸盐出口的收入开始逐年减少，之前每年约出产200万吨磷酸盐，1990年产量仅有93万吨，2000年约为59万吨，2001年约为22万吨，2002年约为20万吨。20世纪90年代，瑙鲁政府的财政赤字高达1000万澳元，开始借助外债来弥补其庞大的支出。

在磷酸盐矿枯竭之时瑙鲁经济凸显颓势，加之国家各种投资的失败造成的经济混乱，瑙鲁政府濒临破产的绝境。1995年，瑙鲁银行破产。为解决财政问题，瑙鲁政府采取了出售5架飞机、3艘轮船以及高价出售瑙鲁护照，限制货币外流等措施，但收效甚微。瑙鲁债台高筑，欠美国通用电气金融公司2.4亿澳元的高息贷款，瑙鲁在澳大利亚的资产被债权人委托的资产监管人拍卖。

瑙鲁过度依靠单一经济来维持财政收入，磷酸盐矿的开采几乎以"一己之力"支撑了其全部经济。瑙鲁独立时，专家预测磷酸盐最多还可以开采 30 年。在磷酸盐矿快要枯竭之时，这种需要支出高额费用的福利制度就让政府显得力不从心了。

三　21 世纪以来的经济发展水平

1. 经济发展存在的问题

瑙鲁是世界上最小的岛国，远离国际市场。为了缓解国内紧张的财政危机，进入 21 世纪，瑙鲁通过收取捕鱼许可费、磷酸盐销售收入以及成为澳大利亚海外难民处理中心获得的收入，维持财政运转。但是，上述收入面相对较窄，而且不稳定，私营部门的就业机会有限。政府最为关注的关键问题还是经济和财政的可持续性。亚洲开发银行和瑙鲁一直在进行合作，协助瑙鲁加强公共财政管理，提高国有企业的业绩，改善服务水平，并开展基础设施建设。

2004 年，亚洲开发银行评估瑙鲁共和国时表示："瑙鲁面临很多严重的发展挑战。该国几乎没有私营经济，可耕种的土地非常少，可用水源也相当有限，债务额极高，政府财政收入有限。"[1]直至 2016 年，来自他国的援助仍是维持瑙鲁政府运转的重要资金来源之一。政府为摆脱困境，一度使瑙鲁沦为国际洗钱中心和避税者的天堂。

21 世纪最初十年，瑙鲁经济有所增长，但仍很难达到之前的高峰水平。瑙鲁前总统金扎·克洛杜马尔（Kinza Clodumar）曾公开表示："这里一度是热带的天堂，现在已经变成了不毛之地。"瑙鲁经济出现衰退是多种因素造成的。半个多世纪西方的殖民掠夺，不顾环境承载能力强行大规模开发磷酸盐矿，带来了很大的负面影响。

---

① http://wallstreetcn.com/node/208914.

瑙鲁独立后，政府管理不善也是经济濒临破产的重要原因。

政府一直在探索拓展其他收入来源，例如，大力发展渔业、旅游业和离岸金融服务业。服务业在磷酸盐产业即将崩盘之时成为国家经济的一大支柱。对外贸易方面，瑙鲁主要贸易伙伴有澳大利亚、新西兰、斐济、日本、美国等国家。瑙鲁主要出口磷酸盐，进口食品、家电、日用品、五金建材等。2012～2013 年度，瑙鲁与澳大利亚之间的贸易额约为 3400 万澳元。

瑙鲁私营企业比较少。由于资金缺乏，建立和发展新的企业异常困难。瑙鲁私营企业组织正在探索研究企业规模、企业所有制结构以及企业的类型，这些举措将有助于私营商业活动的开展。

瑙鲁没有独立的国家级贸易协会，如国家商会或工业联合会。然而，随着瑙鲁经济的多元化发展，行业贸易协会逐渐发展起来。瑙鲁设立了渔业协会（Nauru Fishers Association，NFA），这是一个代表私营部门和当地渔民就渔业发展和安全等问题进行协商的机构，而瑙鲁私营部门组织（Nauru Island Private Sector Organisation）和小企业主协会（Small Business Owners Association）代表瑙鲁私营公司的集体利益。

限于瑙鲁的经济状况，在瑙鲁本土找不到外国的咨询服务公司。只有菲律宾化肥公司向瑙鲁的次磷酸盐开采和过度开采土地的恢复提供过咨询服务。全球知名的会计师事务所德勒为瑙鲁银行的清算以及为重建瑙鲁的金融服务提供咨询服务。

2. 政府的发展战略

2005 年，瑙鲁启动了《2005～2025 年国家可持续发展战略》，首次为瑙鲁确定了一个国家长期战略性发展计划，2009 年进行了修订。国家可持续发展战略确定了国家主要发展目标和为实现这些目标所需的配套战略和活动。国家可持续发展战略是瑙鲁政府的核心发展规划。

《2005～2025 年国家可持续发展战略》侧重于经济和社会发展问题,它的一个核心原则是:建立一个公正的社会,承认和尊重妇女的权利,促进机会平等,承诺在所有部门实现性别平等。国家可持续发展战略的协调机构是财政部的规划和发展司。2009 年修订的《2005～2025 年国家可持续发展战略》在其核心目标中纳入了联合国人权准则和标准。国家可持续发展战略的五个长远目标是:建立稳定的、可信赖的、财政上负责任的政府;提供完善的社会基础设施和公用事业服务;发展基于多种收入来源的经济;修复采空土地,保障生计的可持续性;发展国内粮食生产。

瑙鲁国内只提供有限的保险服务,没有私人保险公司提供国内或国际保险。瑙鲁国有保险公司在 21 世纪初就停止运作。根据《2005～2025 年国家可持续发展战略》,政府努力发展私人保险服务和制定新的保险监管法案。

3. 当前经济发展水平

根据亚洲开发银行 2016 年的统计数据,2010～2015 年瑙鲁经济年增长率为 1.8%[①]。2014 年,国内生产总值(GDP)增速为17.5%,2015 年为 -10%。其中,农业附加值为 2.9%,工业附加值为 -22.9%,服务业附加值为 35.9%。2015 年,通货膨胀率为11.4%。商品出口下降 12.8%,商品进口增长 59.1%。贸易平衡对国内生产总值的贡献为 -20.8%,说明瑙鲁严重依赖海外进口。2013 年,人均国内生产总值为 12500 美元,2014 年为 13700 美元,

---

① https：//www.adb.org/publications/basic – statistics – 2016.

2015 年为 14800 美元。从表 4 - 1 来看，随着磷酸盐资源的减少，专属经济区的捕鱼许可收入取代了磷酸盐销售收入，成为瑙鲁经济收入的主要来源。

表 4 - 1   2012 ~ 2016 年瑙鲁主要经济收入一览

单位：百万澳元

年份	援助资金	关税收入	捕鱼许可收入	磷酸盐收入	所得税收入	RPC 签证费收入	其他国内收入
2012	2	6	11	3	—	—	4
2013	4	17	15	2	—	—	10
2014	3	19	20	4	—	17	17
2015	8	9	26	—	5	18	11
2016	4	14	38	4	14	26	24

资料来源：亚洲开发银行（ADB）。

第二节　农业

农业在瑙鲁国民经济中占极小的部分。2014 年，全国 75%的土地受到不同程度的破坏，农业前景更加不堪。2012 年农业收入仅占到瑙鲁 GDP 的 2.6%。[①] 农业对瑙鲁 GDP 贡献率在 6% 左右。由于大规模地开采磷酸盐矿，全国土地只剩下 20% 适合耕作。瑙鲁还经常遭受干旱等自然灾害的影响。林业产值微乎其微。渔业资源丰富，然而开发能力有限。

[①] 亚洲开发银行，Key Indicators for Asia and the Pacific 2015，http：//www. adb. org/statistics。

一 种植业

依照传统，瑙鲁的所有土地由瑙鲁人共同拥有，非瑙鲁人不可以在瑙鲁购买土地。公司或者个人可以租赁土地，但政府可以随时收回土地用于采矿或进行土地修复。

瑙鲁并没有完整的种植业体系，可耕种土地极少，农业用水十分有限，主要作物是椰子、菠萝和香蕉，粮食依赖进口，种植业约占国内生产总值的1%。此外，磷酸盐矿开采导致大部分土地变得不平整，而且失去种植作物的能力，本来就不发达的种植业进一步被削弱。恢复被破坏的土地并将其投入使用是瑙鲁长期艰巨的任务。

鉴于瑙鲁粮食主要依赖进口，瑙鲁政府正在实施营养和学校园艺计划，以提高地方社区对粮食安全问题的认识。粮食安全也已被确认为与恢复受采矿影响的土地相关的一个主要问题。援助国协助瑙鲁政府建造了一个农场，农场里种植有西红柿、黄瓜、玉米、白菜、莴苣和香蕉。农场工作人员向社区成员讲授耕作方面的知识。瑙鲁农业管理部门资金不足，大多数人没有接受过农业正规培训。

二 林业

在西方殖民者到来之前，瑙鲁岛上有成片的原始森林，在沿海地区和山脊上生长着本地硬木。在磷酸盐矿开采以后，原始森林遭到破坏。中央高地上的磷酸盐矿开采结束后，没有进行土地的恢复，也没有再种植树木，这些成片的树林也消失了。由于缺乏淡水资源，瑙鲁的植被不如大洋洲其他岛屿茂密，只有在海滨地带和布阿达湖周围，生长着一些热带乔木灌木丛。

瑙鲁岛海岸地区有一片小树林，种植有椰子树、托马诺树和榕树等树种，这些树木长得比较高大，这也是实施土壤修复方案的一部分。开采磷酸盐时，翻挖地面的开采方式令岛上一片荒凉，大部分土地被扒挖过，现在的矿区就像石林，树木稀疏，生态受创，景象破败。有学者称瑙鲁中央高地的地表类似月球的表面，由此可以看出生态遭到严重破坏。如今，瑙鲁已没有大面积的森林。瑙鲁所有的建筑木材都依赖进口。

瑙鲁公共工程部负责保护森林资源，正与太平洋共同体林业司合作，确定和提出适合种植的树种，在开采区域进行土地恢复工作。

三　渔业

瑙鲁专属经济区有 32 万平方千米，居世界第 60 位，大陆架 41 平方千米。专属经济区内的渔业资源丰富，其中以金枪鱼最多，可惜当地人并没有充分地开发，只是停留在自给自足的层面上。每年，政府通过发放捕鱼许可证的方式获得的收入达数千万澳元。瑙鲁盛产海参，价格便宜，但是海参品质欠佳。

2010 年，日本与瑙鲁签订有关金枪鱼等鱼类的渔业协定。主要内容有：（1）协定的有效期方面，金枪鱼延绳钓、鲣鱼竿钓、金枪鱼围网的渔业协定有效期均为 2011 年 1 月 1 日至 12 月 31 日，以后自动延长；（2）入渔方式方面，金枪鱼延绳钓和鲣鱼竿钓采取每一个航次发放作业许可证的方式，金枪鱼围网采取年度发放作业许可证的方式；（3）入渔费标准方面，金枪鱼延绳钓、鲣鱼竿钓、金枪鱼围网的入渔费标准均按上一年度的标准收取。[①]

[①]　缪圣赐：《日本与瑙鲁签订了 2011 年度的金枪鱼延绳钓、鲣鱼竿钓和金枪鱼围网的渔业协定》，《现代渔业信息》2011 年第 4 期。

2010 年，旨在促进中西太平洋地区金枪鱼资源保护和管理的《瑙鲁协定》（PNA）各方第一届领导人峰会在帕劳首都举行，各国领导人一致同意：继续保护金枪鱼资源，恢复金枪鱼存量，同时实现渔业资源经济回报的最大化，探索控制产出和限制措施的方案。

2015 年 3 月 22 日，《瑙鲁协定》成员国在密克罗尼西亚联邦雅浦州召开年会，就八个成员国下一步的渔业发展进行讨论，强调要加强管理，将在成员国海域实现渔业经济可持续发展作为成员国决策的指导性原则。会议制定未来两年的工作重点，并在围网、延绳钓等不同捕鱼方式的发展上达成一系列共识：（1）于 2016 年启动集鱼装置的注册和跟踪工作，于 2016 年 1 月 1 日起开始对远洋渔业国家船只的集鱼装置征收费用。(2) 在《瑙鲁协定》八个成员国的五个国家继续实行延绳钓船只的船天计划（Vessel Days Scheme）。这五个国家分别为密克罗尼西亚联邦、马绍尔群岛、瑙鲁、帕劳、所罗门群岛，该计划已于 2016 年 1 月 1 日生效。(3) 将继续收紧非捕鱼天数。成员国的各项决策都是为各成员国获取更大的经济利益，以及确保中西太平洋海域渔业的可持续发展。

渔业收入是瑙鲁财政收入的重要组成部分，《瑙鲁协定》是包括瑙鲁在内的成员国通过控制外国船只的捕捞量，来提高国家的财政收入。通过"联合行动"，瑙鲁等岛国的入渔费得到大幅提高。

相比较而言，在磷酸盐资源枯竭、种植业基本入不敷出的情况下，对太平洋中的小岛国瑙鲁来说，渔业是其在近期内最有增长潜力的行业。渔业收入对瑙鲁经济具有重要推动作用，在一定程度上缓解了财政危机。

第三节 矿业

21 世纪以来，瑙鲁的工业主要以次磷酸盐开采和加工为主。由于工业发展有限，瑙鲁没有工业生产标准和条例以及工业生产认证程序。

一 磷酸盐矿业概况

美国地质调查局预测，全世界大约有 620 亿吨的磷酸盐储存在地下，其中有 150 亿吨可开采。由于磷酸盐能改善或赋予食品一系列优异性能，因此早在一百多年前就被应用于食品加工中，而大量使用则在 20 世纪 70 年代以后。目前，磷酸盐是应用最广泛、用量较大的食品添加剂门类之一，作为重要的食品配料和功能添加剂广泛应用于肉制品、海产品、乳制品、焙烤制品、调味料、方便食品等的加工过程中。

瑙鲁孤悬于巴布亚新几内亚与马绍尔群岛之间空旷的海面上，是海鸟跨赤道迁徙的主要歇脚点。日积月累，占岛面积 80％ 的中央高地堆积起全世界品位最高的矿化海鸟粪，即磷酸盐矿石。瑙鲁是太平洋三大磷矿岛之一（其他两个分别是基里巴斯的巴纳巴岛和法属波利尼西亚的马卡提岛）。瑙鲁的磷酸盐矿是露天矿。当进行开采时，先要移除地面最上层的土壤，然后进行开采，露天开采彻底破坏了土地。

二 发展历程

自瑙鲁独立至 20 世纪 90 年代中期，磷酸盐矿开采成为瑙鲁外汇收入的主要来源，是该国高福利的重要财力支柱。

1. 太平洋磷酸盐公司

1896 年，太平洋岛屿公司货物押送员亨利·丹森（Henry Denson）在瑙鲁岛上短暂停留时，发现了一块奇怪的岩石。他最初认为这是一块硅化木，后来将它用作太平洋岛屿公司悉尼办公室的挡门石。

1899 年，太平洋岛屿公司一个负责管理磷酸盐矿开采的职员阿尔伯特·艾利斯（Albert Ellis），被派遣到公司位于悉尼的"太平洋岛屿岩石样本分析办公室"工作。艾利斯注意到这块奇特的挡门石，发现它在外观上类似来自贝克岛（Baker Island）的磷酸盐矿石。三个月后，艾利斯对该矿石进行检测，发现这是一块磷酸盐含量特别丰富的矿石。艾利斯发现磷酸盐矿石的消息让太平洋岛屿公司的官员兴奋不已，他们发现瑙鲁的磷酸盐资源有利可图，随即与瑙鲁进行谈判。

1906 年之前，德国曾对太平洋诸岛上的磷酸盐矿进行了有限的开采。1906 年，英国和德国政府决定重组成立太平洋磷酸盐公司，第一年磷酸盐的产量就有 11000 磅（5000 千克），主要销往澳大利亚。

2. 英国磷酸盐公司

在第一次世界大战结束后，作为战败国的德国被迫放弃其在世界各地的殖民地及其他资产，放弃对瑙鲁岛的占领。在随后的国联会议上，瑙鲁被国联认定为托管地，由英国、澳大利亚和新西兰三国共同管理。三国协商成立了英国磷酸盐公司，并在 1920 年 7 月 1 日以 350 万英镑的价格收购了太平洋磷酸盐公司的资产。1921 年 1 月 1 日，经过 6 个月的过渡，英国磷酸盐公司开始正式生产。太平洋磷酸盐公司的全体职员留任于英国磷酸盐公司，开始大规模开采磷酸盐矿。但是直到 1939 年，产自瑙鲁的磷酸盐都在以远低于国际市场标准的价格销售。尽管如此，在英国磷酸盐公司的控制下，瑙鲁的磷酸盐销售也存在巨大的利润，1948 年磷酸盐收入就高达745000 美元。

从 1919 年开始，对瑙鲁磷酸盐矿开采的补偿金数额都由英国、澳大利亚、新西兰商议决定。1921 年，英国磷酸盐公司决定提高对瑙鲁的补偿金数额，由开采每吨磷酸盐补偿 0.5 便士提高到 1.5便士。1927 年，瑙鲁经过争取，达成了新的协议，补偿金提升到7.5 便士。1939 年，瑙鲁人获得了 9% 的磷酸盐收入。但由于瑙鲁磷酸盐销售的价格远远低于国际市场价格，磷酸盐收入仍然有限。

第二次世界大战期间，垂涎瑙鲁磷酸盐矿资源的日本终于等到了时机，日军将 1200 多名岛民放逐到 1750 千米外的特鲁克群岛干农活、挖工事，还从其他占领区抓人来开挖磷酸盐矿。第二次世界大战后，瑙鲁成了联合国的托管地，1947 年联合国委托澳大利亚、新西兰、英国三国共管瑙鲁，由澳大利亚代表三国行使职权。三国多次向联合国申请，欲将瑙鲁居民全部迁到澳大利亚东海岸的柯蒂斯岛，以便大规模开采磷酸盐矿。但瑙鲁人坚决拒绝离开家园，但也无力反抗，只能眼睁睁看着属于自己的资源被掠夺，这种情况一直持续到瑙鲁国有磷酸盐公司成立。

3. 瑙鲁共和国磷酸盐公司

1967 年，瑙鲁人购买了英国磷酸盐公司的全部资产。1968 年，瑙鲁获得独立。1970 年，瑙鲁政府成立了瑙鲁磷酸盐公司（Nauru Phosphate Corporation），矿产的开采给瑙鲁带来了巨大的经济利益。

每年有 1 亿～1.2 亿澳元的收入。除去政府开支，每年盈余约有 8000 万澳元。为管理这些资金，瑙鲁政府成立了专门的信托基金，利用这些收益进行投资。2002 年，磷酸盐矿资源即将枯竭，许多外籍工人开始离开瑙鲁。2005 年，磷酸盐收入在全国 GDP 中仅占到 0.5%[①]，在瑙鲁的外籍工人数量由 2004 年时的 1478 人减少到 470 人，其中大部分工人来自基里巴斯和图瓦卢。在如此严峻的情况下，企业进行改革是不可避免的。2005 年 7 月 1 日，瑙鲁磷酸盐公司正式改组为瑙鲁共和国磷酸盐公司（Republic of Nauru Phosphate，RONPhos）。如今，约占全国人口 20.4% 的瑙鲁人在公司任职。

瑙鲁岛上的原生磷酸盐矿资源几乎开采殆尽，但幸运的是专家们在此又发现了近 2000 万吨的次生磷酸盐资源，确保了公司的发展，也使瑙鲁共和国的经济得以维持。

第四节　电力、交通、邮政与通信

一　电力

瑙鲁本土没有石油和天然气，发电所需燃料完全依赖进口，导致瑙鲁电力供应非常紧张。政府使用进口的柴油来发电。瑙鲁的燃料进口受到国际经济形势的影响很大，特别是燃料和运输价格上涨的影响。2015 年，该国每天进口超过 1000 桶原油。

[①] 《亚洲开发银行年度报告》，Key Indicators for Asia and the Pacific 2015，https：//www. mendeley. com/research – papers/key – indicators – asia – pacific – 5/。

2005 年以前，瑙鲁电力实行每天 6 小时限量供应。经过政府
改革和增加基础设施建设投入，2005 年以来，岛上基本能保证 24
小时的电力供应。2006 年末，日本政府免除了瑙鲁 85 万美元的债
务，减轻瑙鲁政府支付燃料费的财政压力。

瑙鲁电力由瑙鲁磷酸盐公司维护的柴油发电机提供，由于瑙鲁
磷酸盐公司发电设施被拆除和政府重组，2005 年瑙鲁公用事业管
理局（Nauru Utilities Authority）接管了电力供应业务。瑙鲁采取了
安装预付费电表、增加关税的方式，保护当地有限的资源。商业、
工业和资源部负责制定能源政策，研究新能源替代化石燃料能源的
可行性，太平洋区域环境计划秘书处对在阿纳巴尔区进行的试点风
力发电项目提供了赞助。

在位于瑙鲁岛西部的艾沃区，有岛上唯一一座发电站。电站总
装机容量 6000 千瓦，2012 年发电 2500 万千瓦时，瑙鲁电力总消
费量约为 2325 万千瓦时。[①] 瑙鲁的水力发电设施极其有限，不能
保证正常稳定的电力供应。

二　交　通

1. 瑙鲁国际机场

瑙鲁国际机场（Nauru International Airport）位于亚伦区，是瑙
鲁共和国唯一的国际机场。同时，该机场也是瑙鲁航空公司的总部
所在地。瑙鲁国际机场只设有 2 个泊位，跑道较短，仅有 1000 余
米长，因此广体客机难以降落。跑道建在海岸线附近，飞机每次起

---

① 美国中央情报局（CIA）网站，https://www.cia.gov/library/publications/the‐world‐
factbook/geos/nr.html.

降都是对飞行员的考验。瑙鲁国际机场提供飞往澳大利亚、马绍尔群岛、斐济的航班。从斐济楠迪国际机场经所罗门群岛可以飞抵瑙鲁，从澳大利亚布里斯班每周也有一趟航班直飞瑙鲁。由于在此起落的航班较少，瑙鲁国际机场在每月大部分的时间处于闲置状态。机场有 1 个客运候机楼，1 个货运楼，2 个停机坪，3 个登机手续办理柜台，2 个登机口，1 个机场酒店。"跑道是两用的，平时是公路，岛上的汽车来回跑；飞机起降时，路口放下横栏，汽车排队等候。飞机一起降，声音刺耳，对生活在这里的人干扰很大。但岛小国土少，人们只好忍下来。"由于人少地狭，这种状况一直持续到现在。

2. 瑙鲁航空公司

瑙鲁航空公司（Nauru Airlines）是瑙鲁共和国的国有航空公司，经营往返中太平洋的客运和货运业务。瑙鲁航空公司的业务最初归瑙鲁共和国岛屿发展和工业部主管。它在瑙鲁航空公司授权下经营，归瑙鲁政府管理。瑙鲁航空公司前身是瑙鲁航空（Air Nauru），成立于 1970 年 2 月 14 日，最初使用喷气式飞机，在瑙鲁和澳大利亚布里斯班之间往返飞行。1996 年 7 月，瑙鲁航空进行了改组。自 1996 年以来，瑙鲁航空一直按照澳大利亚民航法规和澳大利亚航空运营商授权运营。所有飞行员和工程师在澳大利亚接受标准培训。同样，飞机维护工作由澳大利亚维修人员负责。这确保了瑙鲁航空的航班在飞行中执行最高安全标准。

2006 年 9 月，瑙鲁航空改名为"我们的航空公司"（Our Airline），每周有两个航班从澳大利亚布里斯班飞往瑙鲁、基里巴斯塔拉瓦和马绍尔群岛马朱罗。航空公司在 2008 年和 2013 年又购买了 2 架 B737 - 300 飞机，其航班增加到每周三个。2014 年 8

月，该航空公司收购了一架全货运 B737 - 300 飞机，开始运营货运航班。2014 年 8 月，"我们的航空公司"正式改名为瑙鲁航空公司。

瑙鲁航空公司的总部位于瑙鲁，主要办公地点在澳大利亚布里斯班。由于瑙鲁航空公司是在澳大利亚注册的公司，需要定期向澳大利亚安全和投资委员会报告飞行情况。瑙鲁航空公司及其前身在中太平洋和南太平洋开展业务，为各个社区、企业和政府提供旅行、贸易和通信服务。瑙鲁航空公司除了提供从澳大利亚布里斯班到瑙鲁、基里巴斯、马绍尔群岛以及瑙鲁和斐济之间的航班服务，瑙鲁航空公司还为澳大利亚、新西兰、中南太平洋和东南亚的客户提供包机服务。[①]

3. 海运和港口

瑙鲁港由瑙鲁磷酸盐公司经营和管理，在磷酸盐开采繁荣期间曾经是该国的主要港口，主要用于磷酸盐矿石的运输。瑙鲁岛周边都是浅珊瑚礁，阻碍了大型船舶的靠近。但是距离岸边不远处，有几个适合大型船舶停靠的深海区，可以使用装载磷酸盐和其他货物的悬臂梁系统，将货物装载到小船上，然后运输到岛上。在瑙鲁岛东部的阿纳巴尔湾，有一个适合小船停泊的港口。

海运方面，有大型货船定期来往于澳大利亚和瑙鲁。瑙鲁渔业局有两艘小型捕鱼船，但破旧不堪。有两个小码头，其中一个是货运码头，可以通过驳船转运装卸货物，另一个是供渔船出入的小码头。[②] 瑙鲁的港口设施非常简陋破旧。

---

① 瑙鲁航空公司的网址为：http://www.nauruairlines.com.au/。
② 《世界知识年鉴（2013/2014）》，世界知识出版社，2014，第 979 页。

4. 铁路、公路

铁路方面，瑙鲁铁路全长 3.9 千米，用于连接岛屿中部的磷酸盐矿区和西南岸的磷酸盐加工厂。

公路方面，环岛沥青公路全长 24 千米，其他公路长 6 千米。岛上只有一处交通信号灯，确保飞机能够安全地穿过公路进入机场。在瑙鲁，汽车是左侧驾驶，私家车多是从国外买的报废二手车，非常破旧，没有牌照。因为没有汽车维修配套服务，汽车配件难以购买。由于没有废品回收的途径，车主将报废的汽车停在家里，其他车需要配件的时候就拆来用。在瑙鲁，租借汽车需要持有国际驾驶执照，在路上驾驶时要时刻注意动物和行人。

三　邮　政

1908 年 7 月 14 日，在德国殖民统治时期，瑙鲁岛设立了邮局，使用马绍尔群岛发行的邮票。[①] 第一套邮票共有三枚，图案为德国在太平洋上的殖民地版图，使用放大镜观看，可以看到瑙鲁是其中的一个小岛，图案上还有一艘富丽堂皇的邮轮。1914~1916 年，瑙鲁被澳大利亚占领，使用澳大利亚发行的邮票。英国政府控制该地之后，1916 年 10 月，瑙鲁发行了印有 NAURU 字样的邮票。1924 年瑙鲁重新使用澳大利亚邮票。瑙鲁独立后的第一枚邮票发行于 1968 年。瑙鲁发行的邮票多数以鸟、重要事件、重要人物、磷酸盐矿等为主题。瑙鲁有一所邮局，由一对夫妻经营，位于艾沃区，游客可以在这里邮寄明信片。

岛上的第三方和第四方物流运营商有限，但是货运代理和快递服务全球领先，TNT 和 DHL 都在瑙鲁设有分支机构。

---

① 　晓辉:《瑙鲁八十年邮政史》,《文化译丛》1989 年第 4 期。

四 通 信

关于瑙鲁电信的调查显示，2009 年瑙鲁开始提供移动电话服务，每 1000 人中有 186 人主要依靠手机进行联络。国有的 RONTEL 公司是瑙鲁移动电话的传统供应商。RONTEL 公司是瑙鲁政府与大型区域移动电话网络提供商 Digicel 合作成立的。瑙鲁人可以购买移动运营商 Digicel 发行的 SIM 卡。在澳大利亚驻瑙鲁高级委员会和南太平洋大学瑙鲁校区等机构，配备有卫星电话。电信部负责监测和管理瑙鲁的电信业。

Cenpacnet Inc. 是瑙鲁唯一的互联网服务提供商，自 2000 年以来开始运营，它由 RONTEL 公司和瑙鲁磷酸盐特许信托共同拥有和经营。Cenpacnet 还运行 . nr 域名并维护一个 Webmail 服务器。2011 年，瑙鲁有 600 名互联网用户。但是，瑙鲁的网速很慢。同时，Digicel 公司也提供网络服务。据亚洲开发银行统计，2014 年，瑙鲁使用手机上网的人数占 67.7%，使用互联网的人数占 54%。

由于瑙鲁食物全部依赖进口，因而瑙鲁没有商品贸易市场。但是，瑙鲁出现了网络购物平台。在平台上，人们可以买卖各类物品。调查显示，2014 年以来网络购物平台规模不断扩大，由于 89% 的瑙鲁人拥有智能手机并且大部分人接入了互联网，媒体网站也会公布各种社区信息和发布通知。2015 年 5 月，瑙鲁政府关停本国的 Facebook 访问服务。[1]

---

[1] http：//news. yahoo. com/nauru - accused - blocking - facebook - stifle - dissent - 074251040. html.

瑙鲁

第五节　旅游业

瑙鲁的旅游业非常不发达，一方面是因为瑙鲁地理位置偏僻，交通不便，另一方面是因为当地旅游资源匮乏，不能有效吸引游客。瑙鲁是世界上外国游客最少的国家之一。瑙鲁作为世界上最小的岛国，除少数特许船舶和潜水设备租赁场所外，其他场所连导游都很少，但瑙鲁在发展旅游业方面亦有其独特的一面。尽管它与其他南太平洋岛屿相距甚远，但是越来越多的旅游公司正在将瑙鲁列入其旅游线路中。

一　旅游业发展现状

在瑙鲁较为富有的时期，瑙鲁政府没有重视旅游业的发展。2005 年以来，随着磷酸盐矿产出的降低，瑙鲁经济衰退，政府开始重视发展旅游业，但是前往瑙鲁旅游的人依然非常少。

瑙鲁是一个典型的海洋岛国。海岛旅游要以特定的海岛地域空间为依托，凭借岛上特有的自然和人文旅游资源，来满足游客需要，同时促进海岛社区经济、文化和社会全面健康发展。但是，瑙鲁的各种旅游资源有限，再加上瑙鲁地理位置偏僻，交通不便，瑙鲁的旅游业一直没有起色。进入 21 世纪以来，由于澳大利亚在瑙鲁设置了难民处理中心，瑙鲁政府对外来访客提高了限制。

在 20 世纪末期，瑙鲁政府为了留住游客，规定凡瑙鲁航空公司的途经瑙鲁的航班，不管前一段航程长短，都要在瑙鲁过夜或停留两三天，然后再继续飞行。这就使过往的旅客全部成了瑙鲁的游客。据说瑙鲁的这笔旅游收入相当可观。但是，这种发展旅游业的理念不具有长久性。瑙鲁作为伫立在太平洋上的一个海岛国家,在磷酸盐产业衰退、农业发展受限的情况下,发展旅游业等第三产业是未来瑙鲁经济发展的必然走向,合理的规划在一定程度上对瑙鲁旅游业的开发起着决定性作用。

2016 年,瑙鲁统计局公布了 2015 年 1~3 月的访客统计情况。在 3038 位访客中,澳大利亚人占了 2154 人,约占 71%。同时,统计局还公布了访客的年龄情况,访客年龄集中在 30~34 岁和 45~49 岁,这两个阶段的访客占了前三个月访客的 28%。从访客的专业分布来看,服务行业人员 755 人,专业人员 681 人,技能及相关工人 423 人,政府工作人员 394 人,工艺师 367 人。以旅游为目的前往瑙鲁的人员 113 人(见表 4-2)。

表 4-2 2015 年 1~3 月前往瑙鲁的访问人数一览

国别(地区)	1 月		2 月		3 月	
	访客人数(人)	比重(%)	访客人数(人)	比重(%)	访客人数(人)	比重(%)
澳大利亚	753	70	649	69	752	74
其他太平洋岛国	139	13	110	12	73	7
新西兰	116	11	104	11	97	10
亚洲	39	4	63	7	60	6
欧洲	15	1	6	1	8	1
其他	20	1	13	1	21	2

数据来源:瑙鲁统计局,http://nauru.prism.spc.int/。

目前,瑙鲁旅游业的开发仅停留在观光的层面,仅磷酸盐矿博物馆可算作特色项目,更富有挑战性和刺激性以及具有浓郁海岛特色的旅游项目较少。瑙鲁政府应顺应旅游市场发展趋势,发展高端海洋旅游产品(如海钓业、游艇业等),逐渐改变以观光游为主的旅游产品结构,提高旅游产品的吸引力。服务质量和管理水平也是影响旅游业发展的一个关键因素。高质量的服务设施和良好的服务态度，高水平的管理与稳定的社会秩序等都可以使旅游者获得更高程度的精神享受，从而在国际旅游市场上获得较高的影响力，促进旅游经济平稳、快速发展。

二　签证、住宿、餐饮

1. 签证

所有外国游客需要持有效的护照和酒店预订证明或当地人的邀请函才能进入瑙鲁。库克群岛、斐济、以色列、基里巴斯、马绍尔群岛、密克罗尼西亚、纽埃、帕劳、巴布亚新几内亚、俄罗斯、萨摩亚、所罗门群岛、中国台湾地区、汤加、图瓦卢和瓦努阿图的公民均可免签，其他国家和地区的公民需要提前办理签证。可以通过以下联络方式申请签证：瑙鲁游客办公室，电话：+（674）5573133；瑙鲁新闻办公室，电话：+12129370074。如果在瑙鲁停留六个月以上，必须接种乙型肝炎疫苗和结核病疫苗。

有访问需求的媒体人员，必须先给瑙鲁媒体中心主任、政府信息办公室主任乔安娜·奥尔森（Joanna Olsson）发送一份电子邮件，写清申请进入瑙鲁要进行的相关工作，邮箱为 joanna. olsson@naurugov. nr。

签证申请所需文件：护照的扫描副本和详细的信息页面，签证的申请表将由移民局签发。每张旅游签证费用为 100 澳元，记者签证的费用约为 200 澳元。2014 年，瑙鲁政府规定，记者如果前来的目的是报道澳大利亚瑙鲁难民处理中心，签证费用为 7000 澳元。

如果游客前往瑙鲁的旅途中，需要经过美国领土（例如关岛），还需要过境签证或旅游电子授权。

2. 住宿

瑙鲁现有两个大型酒店，游客可根据喜好自己选择。

梅南酒店（Menen Hotel）位于梅南区，一晚房价要 100 澳元以上。酒店兴建于 1969 年，由尼尔森建筑师事务所建造。该酒店朝向阿尼巴雷湾，那里是瑙鲁游泳人数最集中的地区。酒店曾经被认为是太平洋岛国最舒适的酒店之一。它有 119 间客房，会议室可容纳 200 人。酒店非常干净，房间内有电视机、空调、冰箱、茶和咖啡设施，房间有热水供应但没有网络，如果需要上网，可以到酒店大厅付费使用。酒店还设有游戏室、游泳池、全天候网球场、烧烤店和礼品店。酒店里的酒吧是瑙鲁唯一的夜间酒吧。酒店足够干净，但是各种设施有点陈旧。海景房要比面向停车场的房间好很多。在一个没有旅游业且处于财政危机的国家，拥有这种酒店已经很好了。餐厅主要提供中餐、印度餐和地方特色餐饮。酒店还提供机场接送服务、汽车租赁服务、洗衣服务、叫早服务、传真和复印服务。梅南酒店地址：PO Box 298 Republic of Nauru，电话： +（674）5578020；联系邮箱：menenhotel @ cenpac. net. nr，beth. menenhotel@ cenpac. net. nr。

艾沃酒店（OD－N－Aiwo Hotel）是瑙鲁最高的酒店，位于艾沃区，级别仅次于梅南酒店，一晚房价为 40～80 澳元，价格较梅南酒店便宜，比较受背包客欢迎。该酒店由一个家族企业经营。酒店共有四层，有两个餐厅，提供亚洲、欧洲和太平洋风味的菜肴，酒店还提供洗衣、汽车租赁、出租车服务。酒店配有一个游泳池、台球室、健身房和便利店，但客房里面没有热水供应和网络。酒店还提供 DHL 邮寄服务。艾沃酒店电话： +（674）5569203；邮箱：odinaiwohotel@ cenpac. net. nr， odinaiwo@ yahoo. com。

另外，瑙鲁还有其他类型的酒店。比如埃瓦宾馆（Ewa Lodge），设施齐全。电话： + （674）5571001， + （674）5571010， + （674）5571020（网站：http：//www.capellepartner.com）。

3. 餐饮

岛上的大部分食物进口自澳大利亚，通常每隔六到八周进口一次。游客在这里还可以品尝到欧洲和亚洲（主要是中国）的食物。因为地处热带地区，岛上的菜通常相当简单，海鲜、烟熏火腿非常受欢迎。

在岛的北部，有许多西式的快餐小店。艾沃酒店附近有许多中式餐馆，主要提供鱼、炒饭和面条。

Reynaldo 餐厅位于机场，在瑙鲁非常受欢迎，提供正宗的中国菜，也是瑙鲁提供酒的饭店。

阿尼巴雷湾餐厅专门从事鱼类菜肴、披萨和印度食物的制作，是当地人和游客评价最高的餐馆。

梅南酒店的餐厅提供亚洲食物，如泰国菜、印度菜和中国菜。

三 注意事项

瑙鲁时间比格林尼治标准时间提前 12 个小时（GMT + 12）。瑙鲁位于国际日期变更线的西侧，不执行夏令时间。瑙鲁使用与澳大利亚相同的 220V ~ 240V 电力装置和 I 型插头插座，旅行者要提前准备相应的适配器和变压器。瑙鲁的拨号代码为 + 674，所有外拨国际电话必须通过操作员进行。手机服务、网络服务受限，整个岛上只有一所邮局。瑙鲁人周日不工作，也没有周日购物的习惯，商店在周六比平时早关门四个小时。虽然很多商品有关税，但岛上没有销售税。

在珊瑚礁浅水区，应当注意警惕危险的海洋动物和周围突然强劲的潮流。访客在游泳、潜水或参与任何其他海上活动时，应征求当地人的意见。在抵达瑙鲁前，要尽量购买全额旅游保险，该岛医院的医疗设施有限，严重受伤或患病的人员要送往澳大利亚进行充分治疗。

瑙鲁人主要使用瑙鲁语进行交流。作为官方语言，英语被广泛使用并用于所有书面沟通。所有访问瑙鲁的游客需要持有效的护照、回程票和酒店预订证明。游客必须在抵达前获得访问签证，并在抵达瑙鲁机场时进行信息确认，官方访问可免签证。旅游签证费用为 100 澳元。在离开该国时，需要缴纳离境税 50 澳元。

瑙鲁机场没有免税店。瑙鲁对游客携带的物品有明确规定，游客可以携带 400 支香烟或 50 支雪茄或 450 克烟草、三瓶酒、少量供个人使用的香水以及少量的视听产品。毒品①、爆炸物、武器和色情物品不得入境。

瑙鲁靠近赤道，很少发生热带气旋和飓风。但是，在 11 月至次年 4 月的雨季，瑙鲁有时也会出现强风、海浪和热带气旋。前往瑙鲁旅行和商务出差，要时常关注世界气象组织和斐济气象局提供的国际天气情况和区域气象服务，并查阅其他岛国报纸和聆听地方电台发布的信息。瑙鲁受周期性的干旱影响严重，在干旱时期，瑙鲁限制水供应。

瑙鲁使用澳元。岛上有一个自动取款机，位于堪佩里商场（Capelle & Partner）内，但是它经常没有现金。因此，前往瑙鲁，一定要随身携带足够的现金，信用卡在瑙鲁的使用范围非常有限。

游客要随时了解当地活动公告，避免参与当地人举行的任何形式的示威游行活动。瑙鲁提供互联网服务，但某些网站，包括一些

---

① 瑙鲁对毒品控制非常严格。2015 年 3 月，一名在瑙鲁居住了十几年并和瑙鲁当地妇女结婚生子的华人，被举报他人从斐济寄给其的物品可能与毒品有关。警方在没有证据的情况下，令其限期出境，永不允许返回。

社交媒体网站，如 Facebook，被法律禁止。在瑙鲁，所有毒品犯罪都会受到重罚。同性关系已被非刑罪化。然而，瑙鲁社会是保守的，在公共场合，同性伴侣之间的亲密行为，被认为是粗鲁的和非法的。游客可以参阅国际组织发布的关于在瑙鲁旅行的相关建议。

前往瑙鲁旅游，可以乘坐瑙鲁航空公司提供的航班，从斐济楠迪、澳大利亚布里斯班、所罗门群岛霍尼马拉都可以直接飞往瑙鲁国际机场。如果乘坐游轮前往，要相对麻烦一些。埃瓦和阿尼巴雷湾的两个港口都不能停泊客运船只或游艇，它们主要用于出口磷酸盐或供当地渔民出海。海岸附近的水域较浅，较大船舶和游艇不能停靠，游客只能换乘小船上岸。瑙鲁面积不大，可以租借汽车或者自行车领略当地风光，甚至步行也可以，不过在热带地区，天气炎热、潮湿，步行会感觉有些不舒服。

紧急电话：报警：110，火警：112，医疗救护：111。

第六节　金融、税收

在经济衰败后，瑙鲁曾试图利用提供离岸金融服务赚取外汇，但是很快就被国际组织和大国列入黑名单。为了改善日益艰难的经济形势，瑙鲁将部分磷酸盐的销售收入存入信托基金，开始海外投资，并开征个人所得税。当前，瑙鲁的财政极大地依赖澳大利亚。

一　离岸金融服务

国际离岸金融中心（OFC）这个词是在 20 世纪 80 年代创造的，它是通过立法手段培育和发展的一个小型、低税率的特殊经济区，允许国际法人或自然人在其领土上从事各种离岸业务，专门为非驻地离岸公司提供商业、离岸基金投资服务。国际货币基金组织（IMF）将离岸金融中心定义为："一个国家或地区，为非本国居民提供金融服务，这种金融规模与其国内经济的规模和融资环境不相称。"

20 世纪 90 年代后期，瑙鲁政府欠下巨额债务，为解决债务危机，瑙鲁开始提供离岸金融服务。瑙鲁政府曾经大开银行市场以赚取佣金，门槛低到只要通过网络申请就可以开银行了。因此，瑙鲁很快地就成为避税和洗钱的天堂。开一个离岸银行先得交 5680 美元的开户费，然后每年交 4980 美元的账户维护费，如需要通过中间人代办的话还需交 2 万美元。瑙鲁对从这些银行或公司得到的利润保密。瑙鲁曾有官员说："这对国民收入是一个巨大的贡献。"2001 年，瑙鲁被国际社会列入避税黑名单。2002 年，美国指责瑙鲁为国际洗钱中心，并禁止美国的银行与该国保持商业联系。同时，国际机构对离岸金融中心的要求越来越高，而且要求越来越透明。因此，瑙鲁被迫关闭了大部分银行。2004 年以来，瑙鲁议会通过一系列法案，限制境内不法金融行为。

二 金融机构

瑙鲁银行 1976 年成立，为国有银行，注册资本为 1200 万澳元，储蓄额 1.23 亿澳元，20 世纪 80 年代储蓄额达到 1.41 亿澳元。2000 年，瑙鲁银行和瑙鲁共和国金融公司（Republic of Nauru Finance Corporation）申请破产。自 2004 年以来，瑙鲁一直是现金经济，所有离岸银行的许可证在 2004 年被瑙鲁政府撤销。[①] 瑙鲁

---

① http：//www.commonwealthofnations.org/sectors - nauru/business/banking_ and_ financial_ services/.

使用澳元作为其货币。瑙鲁不存在接受现金存款的金融机构，并且所有交易都使用现金进行。为此，政府需要定期前往澳大利亚运输货币以维持现金流动性。

瑙鲁政府曾与澳大利亚第五大金融机构本迪戈－阿德莱德银行有限公司（Bendigo & Adelaide Bank Ltd.）谈判，希望其在瑙鲁建立一个银行分支机构。[①] 2015 年，瑙鲁政府批准澳大利亚本迪戈银行（Bendigo Bank）开业，为瑙鲁提供金融服务。自 2016 年 4 月底起，澳大利亚最大的银行之一西太平洋银行[②]（Westpac）停止与瑙鲁政府进行任何金融交易。2016 年 4 月 21 日，由于面临诸多方面的压力，本迪戈银行关闭了在瑙鲁的银行业务。

由于没有银行机构，有些居民把现金掩埋起来，以防被盗；在海外开设银行账户的其他居民经常取空自动取款机里的现金。

三　货币

澳元是瑙鲁的法定货币。尽管如此，瑙鲁在 1993 年发行了 5元、10 元的硬币。硬币重 31.47 克，银质，含银量 0.925，直径 41毫米。边缘有花纹。正面是国徽，背面是岛国的一种鸟，发行量约10000 个。发行主题为保护濒危野生动物。

现金在瑙鲁是唯一被认可的付款方式，瑙鲁不接受信用卡和借记卡付款。同时，瑙鲁的银行已经宣布破产，没有专门的兑换货币

---

① http：//www.ibtimes.com/tiny－island－nation－nauru－rebuild－its－banking－system－help－australia－1454162#.
② 西太平洋银行是澳大利亚的第一家银行，在协助客户储蓄方面，拥有近二百年的丰富经验。作为澳大利亚最大的银行之一，Westpac 集团拥有 2800 多台自动取款机和近 1200 家支行，遍布澳大利亚的主要城镇。在亚洲和澳大利亚，该行有专业人员通晓不同文化、语言及当地市场规则，为新移民和新企业提供银行服务。

的机构，所以访客前往瑙鲁应随身携带足够的现金。2015 年 4 月，岛上第一个自动取款机在埃瓦区设立，不过，取款机内经常没有钱。

四 会计和审计

瑙鲁的会计和审计服务能力有限，因为岛上没有会计师事务所。根据 1973 年制定的"审计法"，审计主任负责审计瑙鲁政府的年度账目报表和瑙鲁公司的年度财务报表。截至 2015 年，瑙鲁尚未实施国际财务报告标准（International Financial Reporting Standards）。国际会计公司德勒公司于 2011 年开始负责瑙鲁银行破产清算工作。

五 税收

2000 年以前，瑙鲁依靠开采磷酸盐矿，成为世界上最富有的国家之一，那时瑙鲁没有征收税收。2007 ~ 2008 年度，瑙鲁预算中增加了香烟税和进口税。随后，还引入了含糖食品税，主要是协助控制瑙鲁糖尿病的发生率。2014 年 10 月 1 日，瑙鲁首次征收所得税，对高收入者征收所得税的税率为 10%。另外，瑙鲁还征收机场离境税和梅南酒店床铺税。开征税收增加了政府的财政收入。2015 年，政府支出控制在 9200 万美元左右①，税收收入有效地弥补了财政支出。

瑙鲁海关的主要职责是监管进口香烟、烟草和含酒精的饮料。瑙鲁没有证券交易所，尚未开征相关税收。

----

① http：//www. radionz. co. nz/international/pacific － news/246948/income － taxes － coming － in － nauru.

第七节　对外经济关系

一　对外贸易

当前，鉴于瑙鲁经济规模以及经济发展状况和近年来政府允许非法离岸金融活动，没有大型商业企业或跨国商业集团在瑙鲁设立分公司。再者，瑙鲁企业多数属于国有，或者国家拥有部分所有权，增加了与外国企业进行贸易的难度。澳大利亚盖太（Getax）公司从20世纪90年代中期在瑙鲁经营，负责向印度供应磷酸盐。然而，该公司卷入了2010年的瑙鲁总统选举活动而被控行贿，罪名是向政府反对派提供资金支持以扩大该公司对瑙鲁剩余磷酸盐矿的开采权利。

瑙鲁主要通过当地公司从澳大利亚、日本、中国台湾等地进口商品，同时出售椰肉干等产品，从国外进口的商品价值远远大于出口的商品价值。2012～2014年瑙鲁与中国贸易情况见表4-2。

表4-2　2012～2014年瑙鲁与中国贸易额

单位：美元

	2012 年	2013 年	2014 年
从中国进口	972457	1074982	2751563
向中国出口	62072	36718	13076

资料来源：太平洋岛国论坛驻华贸易代表处（2016年）。

二　海外投资

海外投资是瑙鲁实现磷酸盐收益保值增值的重要措施。由于海外投资管理不到位，多数海外投资项目收益不理想。

1. 瑙鲁磷酸盐特许信托

在德罗伯特政府时期，瑙鲁已经预测到磷酸盐矿会在未来被开采殆尽，就对磷酸盐出口收入进行海外投资。据不完全统计，瑙鲁磷酸盐特许信托（Nauru Phosphate Royalties Trust，NPRT）的投资项目分布在澳大利亚、菲律宾和美国等地。

瑙鲁磷酸盐特许信托成立于20世纪70年代，是瑙鲁共和国政府开发的一个主权财富基金，进行海外投资的钱全部来自国有磷酸盐公司。20世纪70年代，瑙鲁以2100万澳元从澳大利亚手中赎回了瑙鲁磷酸盐矿的开采权，对磷酸盐矿进行开发。之后，磷酸盐出口每年能够带来1亿~1.2亿澳元的财政收入。除去各项支出和交给政府的资金，余下的资金被全部投入信托基金中。信托基金最多时有10亿澳元。

这些收益被投资到房地产以及其他项目上，以期在岛上的磷酸盐开采完后，能够为政府提供可靠的财政收入。虽然有些项目的投资获取了成功，但是项目资金管理不善以及腐败等问题，从根本上破坏了信托基金管理制度，甚至在一定程度上影响到了国家的正常运转。对信托基金进行管理的通常是一名内阁部长，2015年管理信托基金的是瑙鲁通信部部长。瑙鲁磷酸盐特许信托部分海外投资见表4-3。

表4-3 瑙鲁海外投资一览

投资所在地	投资项目
斐 济	太平洋大饭店（The Grand Pacific Hotel）
印 度	帕拉迪波磷酸盐矿（Paradeep Phosphate）
新 西 兰	奥克兰喜来登酒店（Auckland Sheraton Hotel） 罗托鲁阿喜来登酒店（Roturua Sheraton Hotel）

投资所在地	投资项目
菲 律 宾	马尼拉太平洋星级酒店（Manila Pacific Star Hotel） 菲律宾磷酸盐化肥公司（Philippines Phosphate & Fertilisers）
美 国	华盛顿太平洋大厦（Pacific House） 休斯敦歌手发展大厦（Singer Building Development） 俄勒冈州 600 英亩产权项目（Hillside Property）
夏 威 夷	瑙鲁塔、夏威夷塔（Nauru Tower，Hawaiki Tower）
关 岛	太平洋星级酒店（Pacific Star Hotel）
澳大利亚	墨尔本瑙鲁大厦（Nauru House）
英 国	伦敦切舍姆大道（3 Chesham Street）
萨 摩 亚	物业投资（Properties at Vaitele and Sogi）

　　瑙鲁大厦也称柯林斯街 80 号（80 Collins Street），位于澳大利亚维多利亚州墨尔本中央商务区，是一个 52 层高的地标性建筑，总高度 190 米，建筑面积 50500 平方米。这座建筑是由佩洛特里昂（Perrott Lyon Timlock&Kesa）建筑师事务所设计的。1972 年，瑙鲁在墨尔本花费 1900 万澳元购置了土地，又花了 2000 多万澳元盖起了一座 52 层大楼，将其命名为“瑙鲁大厦”。所有这些花费都来源于瑙鲁出售磷酸盐所得，并且作为国家对外投资的一部分。事实上，在 1972 年瑙鲁大厦开始建设时，就引起了很大的争议。因为瑙鲁政府决定将两栋具有“历史价值”的建筑挪走，以使瑙鲁大厦能够直接朝向柯林斯街。尽管澳大利亚民众强烈抗议，但是这两栋历史建筑最终被拆毁。1977 年，瑙鲁大厦主体完工，它成为当时墨尔本最高的建筑。20 世纪 80 年代初，大厦举行落成典礼。当时，各国驻墨尔本的总领事夫妇及一些太平洋岛国代表共几百人出席了这次盛大的活动。庆典活动持续了整整 10 天，瑙鲁专程从斐济空运来招待会使用的鲜花。在 1994 年至 1996 年期间，瑙鲁大厦

进行了一次外墙整修，以新的、灰褐色的铝板壁代替了以前的混凝土外墙。20 世纪 90 年代，由于经营管理不善，以及腐败问题滋生，再加上欠美国通用电气公司的债务，瑙鲁磷酸盐特许信托被迫将其抛售，以偿还国家贷款。2004 年 12 月，新西兰昆士兰投资公司以 1.4 亿澳元购得瑙鲁大厦。

瑙鲁塔是位于夏威夷瓦胡岛上的豪华公寓，在檀香山阿拉莫阿纳海滩公园和威基基附近，在夏威夷公寓中享有盛誉。瑙鲁塔的整体设计理念超前，不仅采用混凝土浇筑，而且采取箱形"超级核心"墙体系统，可控制飓风和地震可能造成的横向摇摆和扭曲反应，也节省了工程施工时间，每 15000 平方英尺的建筑面积，只需要四天就建造完成。建筑技术达到了弯曲建筑的最高水平。瑙鲁塔的收入为瑙鲁政府提供了持续的财政保障。①

由于政府机构过度膨胀和驻外人员的过度消费，政府预算经常超支，只能使用借款来填补亏空。同时，由于磷酸盐资源有限，这种收入不能持续，国际债权人不断催讨债务，瑙鲁政府只能以部分海外资产进行抵偿。

2. 瑙鲁代际信托基金

瑙鲁代际信托基金（The Intergenerational Trust Fund for the People of the Republic of Nauru , Nauru Trust Fund, NTF），2015 年 11 月正式成立，2016 年 5 月实施，资金来自瑙鲁政府、澳大利亚和中国台湾地区，瑙鲁代际信托基金已经筹集到 2500 万美元。

代际信托基金的目标是建立一个持续稳定的财政收入来源，能够确保未来有资金支持瑙鲁教育、卫生、环境和公共基础设施建

---

① http：//www. naurutower. com/.

设。该基金预期延续时间为 20 年，资金来自每年政府预算和捐助者
的投入。基金收益按年度分配。资金由政府和捐助伙伴在协商一致
的基础上共同管理。

瑙鲁吸取过去基金管理方面的教训，结合国际基金管理实践，
加强代际信托基金管理，主要体现在：强化基金的透明度，实行问
责制，将基金的所有权和管理权分开，减少国内经济的影响；改善
现金流管理，在不影响政府预算的情况下对代际基金进行补充；提
高财政管理的透明度，编制和发布政府财务报表，对财务报表进行
独立审计；制定更全面的财政管理制度，保证代际信托基金财政制
度处于政府的监管之下。

三　国际援助

瑙鲁经济持续疲软，政府财政收入有限且支出巨大，接受国际
援助成为维持政府运转的重要方式之一。

瑙鲁接受的援助主要来自国际组织和大国及部分地区。以双边
援助为主，多边援助为辅；从援助提供的形式来看，财政援助和技
术援助兼有，财政援助占的比例较高；从援助资金的使用方向来
看，项目援助占据主导。截至 2015 年，对瑙鲁实施援助的主要国
家和地区有澳大利亚、新西兰、日本、中国台湾。澳大利亚既提供
有偿援助，也提供无偿援助。在所有的援助国/地区中，澳大利亚
援助的金额最大。某种程度上也可说明，瑙鲁在经济上对澳大利亚
的依赖程度较深。日本、新西兰的援助主要通过项目的形式执行，
例如淡化海水项目、太阳能发电项目、司法改革项目等。中国台湾
地区提供的无偿援助较多，同时进行了技术援助。

在所有的国际组织中，亚洲开发银行对瑙鲁给予了很大的支

持。1999 年 1 月，瑙鲁与亚洲开发银行签署了第一个贷款协议，亚洲开发银行协助瑙鲁应对磷酸盐储备减少带来的影响，进而推动国内经济改革，改革内容主要包括大幅削减公共部门支出和增加税收和关税。然而，改革并未取得明显成效。

澳大利亚对瑙鲁提供大额援助，既有地缘因素的背景也有现实需要的考虑。2001 年，瑙鲁应澳大利亚政府的请求，经过双方谈判，同意在瑙鲁建立澳大利亚难民处理中心，对前往澳大利亚申请庇护的难民进行先期甄别。瑙澳签署难民问题备忘录，澳方在瑙鲁岛建立难民处理中心，并向瑙提供 1000 万澳元援助，用于教育、卫生、基础设施建设等领域。2002 年 12 月，瑙澳签署难民问题第二期备忘录，澳大利亚向瑙鲁提供 1450 万澳元援助资金。2004 年3 月，瑙澳签署难民问题第三期备忘录，澳在 2005 年 6 月前向瑙提供 2250 万澳元援助，并向瑙派出高级财政和警务官员，协助管理难民处理中心。2007 年，这一项目的资金占到了瑙鲁 GDP 的 1/5 左右。2008 年澳大利亚瑙鲁难民处理中心关闭，2012 年 8 月，难民处理中心重新启动。澳大利亚在 2011/2012 年度对瑙鲁援助金额为2620 万澳元，2013/2014 年度援助金额为 2009 万澳元。[①]

国际组织和援助国提供的资金援助和项目援助，都对改善瑙鲁社会发展水平起到了重要推动作用。2010 年成立的企业资源中心就是一个典型代表。它是瑙鲁政府和联合国开发计划署合作开展的一个项目。澳大利亚国际开发署参与了该项目的开发，投入了211693 美元。企业资源中心提供的服务包括金融扫盲培训、申请使用 2000 澳元以下的微额信贷基金等。在企业资源中心的支持和

---

① 《世界知识年鉴（2013/2014）》，世界知识出版社，2014，第 979 页。

帮助下，部分瑙鲁人增加了收入，改善了家庭生活。在该中心的支持下，瑙鲁已经成功建立了 16 个企业，创造了众多的就业机会。该中心还资助了 17 个企业项目，其中 14 个由妇女（10 个是年轻妇女）领导；3 个项目由男子领导。2014 年，企业资源中心所创造的就业机会超过了就业市场提供的就业机会。企业资源中心的各项方案符合瑙鲁政府实施的福利和教育激励措施以及尽快消除贫穷的方案。

通过接受外来援助，瑙鲁经济收入显著增长，就业率不断提升，许多家庭的收入得到提高。瑙鲁政府希望与其他国家发展伙伴关系，在技术和资金两个方面获得援助。瑙鲁政府多次在国际上呼吁相关区域和国际组织、合作伙伴提供援助，希望援助方直接提供资金支持，满足国家预算需要。但是，瑙鲁在短时间内由富裕国家变为贫穷国家，人民普遍缺乏吃亏耐劳的精神。虽然援助国和地区进行了积极的经济援助，但是由于没有制定完善的援助计划，瑙鲁逐渐沦为"逐利"的国家。

第五章

社　　会

瑙鲁气候经常受到厄尔尼诺现象和拉尼娜现象的交替影响，这种大自然造成的周期性灾害使岛屿人口增长非常缓慢。2014 年，联合国人类发展报告指出，瑙鲁的人类发展指数（HDI）[①] 属于"其他国家和地区"，意味着瑙鲁列"极高人类发展水平"、"高人类发展水平"、"中等人类发展水平"和"低人类发展水平"国家之后，说明受自然地理环境限制以及财政资源有限等因素影响，瑙鲁依然面临巨大的发展困难和挑战。应对气候变化和磷酸盐矿开采对环境造成的影响、消除暴力侵害妇女的行为、提高人们的法律意识、加强粮食安全、减少贫困以及提高人类健康水平和改善环境卫生状况等，是瑙鲁未来需要克服的主要难题。

第一节　国民生活

一　社会福利

尽管瑙鲁面临诸多社会问题，财政收入有限，但是政府依然向

[①]　人类发展指数（Human Development Index，HDI）是由联合国开发计划署（UNDP）在《1990 年人类发展报告》中提出的，用以衡量联合国各成员国经济社会发展水平。人类发展指数主要依据国民的寿命、受教育情况和人均国民收入。

国民提供很好的社会福利。1968 年独立以后，瑙鲁共和国第一任总统哈默·德罗伯特就开始着手建立涵盖各个领域、面向全体国民的全面社会福利体系。在丰富磷酸盐资源的支撑下，瑙鲁人均年收入一度高达 1 万美元，在国家财政充足时期，医疗、教育等费用均由国家提供。但是，高福利制度也带来了巨大的资源浪费和过度消费，使人变得比较懒惰。例如，在 20 世纪末期，瑙鲁岛上本来建有两所环境幽雅的国立医院，而且医疗设备全是进口的，看病不收一分钱，可不少人偏偏喜欢乘坐飞机到澳大利亚治病，虽然要花一大笔钱，但是政府会全额报销。学生上学是完全免费的，如果到英、美、澳等发达国家留学，一切开支也统统由政府承担。全国有一半以上的人在政府部门或国有公司里上班，但上班时间很随便。在瑙鲁人看来，工作与其说是需要，不如说是享受。他们在岛上仅有的绿地上建起了高尔夫球场。家庭普遍拥有现代化的家用电器。

目前，瑙鲁政府依然是岛上所有社会福利的主要提供者，教育、医疗免费一直延续至今。尽管瑙鲁在 2000 年以后遇到了财政危机，但是瑙鲁政府还是制定了一个详细的面向全国公民的福利制度。其中包括向老年人和新出生婴儿支付津贴。通过老年和残疾养恤金、丧偶和疾病补贴以及儿童捐助金（由地方政府议会管理），政府向需要帮助的人提供社会援助。对 60 岁以上的公民以及残疾人，政府每两个星期向他们发放 200 澳元的津贴。瑙鲁航空公司为 75 岁及以上的老年人外出旅游提供优惠。在瑙鲁医院，政府依然免费提供全部医疗服务。

二　就业

2000 年以前，在政府丰厚工资和完善的社会福利条件下，瑙鲁人享受着一种让其他太平洋岛国人生羡的闲暇生活。上班时间很随便。由于政府提供高福利，很多人不愿意工作。一位西方国家外交官评价道："这是生活在那里的人民看不到有必要从事劳动所必然产生的后果，因为一切都依赖国家。"随着瑙鲁经济的衰退，这一切都发生了变化。人们要通过工作获得报酬，以维持家庭开支。

按照宪法规定，女性有平等的就业机会。为了拓宽就业渠道，私立部门和教会机构为妇女提供了培训机会。通过学校教育和社会宣传，消除性别歧视的观念。2013 年，在非农业生产部门，女性职员所占比例为 37.6%[①]。

20 世纪中后期，大多数瑙鲁人在磷酸盐公司和政府公共部门工作，瑙鲁的私营部门非常少。现在，这种局面正在发生着改变。磷酸盐公司不再需要大量工作人员，政府也在裁员，以减少财政支出。2014 年在政府部门和国有公司工作的人员占到 38%，在私营企业工作的占 17%。瑙鲁高素质人才特别缺乏。2002 年，人力资源部门调查显示，瑙鲁有 200 多人被认定为专业人员，但只有 27人具有本科及以上学历。然而，随着磷酸盐储量的减少和随后的政府改革，瑙鲁的就业机会大大减少，失业率不断上升。政府通过发展渔业和种植业，进行信息通信技术培训和教师培训来解决就业问题。瑙鲁没有就业或人力资源机构来推进就业工作。2016 年 1 月，瑙鲁向联合国提交了《消除对妇女一切形式歧视公约》执行情况的报告。从报告来看，大部分女性从事文秘工作或者专业性工作，而男性则从事与工艺品制作、贸易、种植以及机械修理等有关的工作。在经济活动中，仅有 2% 的人口从事传统工作（非正式的），

---

① https：//www. adb. org/publications/basic－statistics－2016.

比如说种植业和渔业。调查发现，在公共服务领域，女性所占比例较高。虽然官方统计资料显示，在职业选择方面有一定程度的性别歧视，但是也有大量女性能够在安全领域工作，还有的担任重型设备司机。在工资待遇方面，在工资较高的前 1/3 岗位中，女性员工占了全部劳动者的 48%。在中等和低收入雇佣劳动岗位上，女性所占比例分别为 71% 和 56%。男性比较喜欢传统的工作，如消防员和工程师。当今这些传统的工作依然强烈地吸引着男性。2012年，澳大利亚瑙鲁难民处理中心再次开放，为瑙鲁提供了 800 个左右的就业岗位。一些土地拥有者将土地出租给难民处理中心，用来建造房屋或者存放集装箱设施，从中获取收益。

根据 2015 年人口统计与健康调查报告，瑙鲁就业状况与受教育水平有明确的联系。仅接受高中教育的人群中，50% 的女性被雇用，73% 的男性被雇用。接受高中以上教育的女性中，77% 的人被雇用。调查还显示，不同年龄阶段，人们被雇用的比例也有所变化。在所有年龄阶段中，35～39 岁的人被雇用的比例最高。另外，人的婚姻状况也和就业有联系。在女性群体中，已婚女性被雇用的比例最高，达到 54%，依次是那些离婚的女性、与丈夫分居的女性、丧偶的女性。没有结婚的女性被雇用的比例最低，为 46%，没有结婚的男性被雇用的比例达到了 61%。在经济困难时期，女性失业率高于男性失业率。

关于瑙鲁的家庭收入和支出调查发现，家庭状况与收入潜力、性别之间没有直接相关性。男性和女性从事同等的工作享有同等的薪水。

女性享有休产假的权利，但是瑙鲁法律里没有相关的保护妇女免受不公平解雇的条例。对于那些从事警察、重型设备司机、清洁工以及从事体力劳动的孕妇来说，政府也没有相关的母乳哺育政策和保护政策。休产假提高了女性劳动力参与工作的积极性。但是对于家庭有婴幼儿，或者有生病的父母，低薪水和缺乏可靠的医疗保障很难让女性重返工作。瑙鲁经济不景气，导致这里缺乏针对老年人和儿童的关怀服务中心。

当前，瑙鲁的公共服务部门和国有企业工人在休假权利方面存在差异。人们对此存有争议，这可能影响工作人员的工作积极性，并进一步影响工人及其家庭的收入。一些工人，特别是在瑙鲁复兴公司（Nauru Rehabilitation Corporation，NRC）工作的工人获得陪产假的权利，在其他岗位工作的人不享有这项权利。截至2016年，瑙鲁没有一部法律全面涵盖工人有权享受的休假类型。

由于瑙鲁国民喜欢享受政府的福利，不愿意去工作，另外，由于国民受教育条件所限，不具有工作岗位要求的能力和技能，瑙鲁失业率一直居高不下。一些公司如瑙鲁复兴公司等不断面向所罗门群岛、基里巴斯等国招聘工人。瑙鲁当地的技术工种比较缺乏，而瑙鲁当地没有技术培训学校，工人技术水平达不到新型机械的操作要求。

三 住 房

瑙鲁人的居住地（Location Settlement）主要集中在艾沃区和德尼高莫都区。这两个区曾经都是英国磷酸盐公司的契约劳工的房屋居住区，劳工来自中国、基里巴斯和图瓦卢。在这些劳工被遣返后，土地和房屋被交还给原土地所有者。在这两个区居住的人口比其他区居住的人口都多。

瑙鲁国土面积很小，没有单独的住宅区。由于瑙鲁岛80%的土地被开发磷酸盐矿，人们的活动受到了限制，包括政府办公楼、磷盐酸加工厂、马路、飞机场和跑道、商业区街道和居民住宅都被限制在五平方千米左右的环岛地区。居民住宅紧靠海边，因地制宜，无统一的方向和格式。居民的房子多是一栋栋的小屋，房子使用木头做柱子，用铁皮做房顶。房子四周的墙上搭着厚厚的油布。白天，油布搭在上面，阻止热气进入房子内部。晚上，将油布卷起来，让舒适的海风吹入房内。油布还能延长房子的使用寿命。

瑙鲁人不喜欢用自己的钱财来美化家园。从房屋的外表难以辨别谁是百万富翁，谁仅仅是靠养老金过活的人。住房周围都是些生锈的小型汽车外壳、成堆的空啤酒罐、鲜花盛开的木槿丛，还有成群的猪和鸡。

瑙鲁磷酸盐公司为职工提供的免费宿舍是成排的楼房，有三四层高，每栋楼有三四个单元。

四 饮食

1. 食物

在瑙鲁，人们不会为吃饭问题担忧。和其他太平洋岛国一样，瑙鲁水果遍地，如香蕉、面包果、榴莲等，一般不受陆地上旱涝或风灾的影响。即使遭遇自然灾害，也还有各种海产品可以充饥。瑙鲁人说，他们的祖先从未遇到过吃不饱肚子的事，也从未有人教育他们要为吃饭而操心①。据瑙鲁统计局2014年公布的数字，48%的家庭用天然气做饭，36%的家庭使用电做饭。燃气炊具也是家庭的

---

① 有些人开玩笑说，如果岛国人花一个小时种植十棵面包树，那么他这一辈子的任务就相当于完成了。面包树是一种木本粮食植物。果实淀粉含量非常丰富，食用前通常以烘烤或蒸、炸等方法料理，烹煮后味道与面包和马铃薯相似，松软可口，酸中有甜，是许多热带地区的主食。一棵面包树一年可结200颗果，在食用植物中产量最高。面包树易成活、高产，是解决饥荒的重要办法。

一项重要支出，相比而言，电炊具要便宜一些。

磷酸盐矿给瑙鲁带来了巨额的收入，然而，绝非所有的瑙鲁人都很富有。但是，瑙鲁人都纵情于全国性的消遣——吃。富有的瑙鲁人，对自己的烹调并不更加讲究，他们最喜欢的饭食仍是大堆的煮糯米，上边覆盖着澳大利亚咸牛肉。这样的饭食，人们每天得吃上六顿，然后，再喝下一箱汽水或啤酒。因此，瑙鲁人长得肥胖并不足为怪。他们乘飞机旅行时，通常一人要坐两个座位。目前，瑙鲁人中有一半人患有糖尿病。

瑙鲁农业不发达，几乎所有食品都依赖进口。澳大利亚是瑙鲁最大的进口来源国。食物主要从澳大利亚进口，主要是鱼肉、鸡肉和咖喱、蔬菜。2011 年，瑙鲁政府制定了《食品安全条例》，为《食品安全法》提供了监管支持。该条例适用于食品生产与加工、分销和进出口等各个环节，而且不影响与食品卫生和安全相关的其他要求。该条例旨在为食品经营者制定关于卫生和食品安全的规则，保护公众健康，并通过建立食品最低标准保护消费者的食品安全。该条例指出：食品安全的主要责任由食品行业经营者承担；要确保食品生产过程的安全；不能在常温下储藏的食物，要采取保鲜措施；确保进口食品与在瑙鲁生产的食品有相同的卫生标准和安全标准。

2. 饮水

南太平洋地区海洋温度的变化，使得岛国经常发生干旱，淡水极为缺乏。基里巴斯、瑙鲁、马绍尔群岛等国的一些珊瑚礁岛上，淡水缺乏。瑙鲁岛属于由珊瑚礁形成的岛，由于地质构造特殊，地表透水性强，难以存住水，整个岛上没有河流和淡水，而水窖无法有效地保存收集的雨水。虽然椰汁可饮用，但是它不能代替日常用水。所有饮用水依赖进口水、雨水和淡化的海水。自然淡水资源匮乏，影响了瑙鲁人的健康和幸福。

居民在屋顶或屋后放置储水罐收集雨水以供饮用，但生活用水仍然不足。岛上居民大多是依赖瑙鲁三个海水淡化厂提供的淡水资源和从澳大利亚或者别的岛屿运来的淡水。据 2014 年公布的数据，淡化海水占到居民饮用水的 35%，家庭储水罐提供的水占到饮用水的 59%。

为解决水资源缺乏问题，国际组织和非政府组织在瑙鲁开展了一系列援助项目。南太平洋应用地球科学委员会审查了包括瑙鲁在内的许多太平洋岛国的海水淡化厂的使用情况，为岛国安装了发电系统并建立了海水淡化厂。太平洋环境共同体也在帮助瑙鲁开展水资源保障项目。太平洋气候变化适应项目启动了太阳能净水机项目，该项目将为社区水箱安装太阳能净水机。2013 年 6 月，国际组织还进行了一次重大快速生物多样性评估，该评估是与国家生物多样性战略和行动计划协调开展的。经过多样性评估，全球气候变化联盟决定为瑙鲁 200 所住房提供储水设备。据亚洲开发银行统计，2015 年瑙鲁使用改良饮用水的人口占到了 97%。

第二节　医疗卫生

瑙鲁实行免费医疗，国民在健康方面的支出很低，不到家庭支出的 0.1%，传染性疾病基本得到了有效控制，非传染性疾病困扰瑙鲁人的健康。据世界卫生组织统计，2014 年，瑙鲁人均医疗支出为 512 美元，医疗支出占到瑙鲁国内生产总值的 3.3%。[①]

---

① Total expenditure on health per capita（Intl $, 2014），Total expenditure on health as % of GDP（2014），http：//www.who.int/countries/nru/en/.

一　医 疗 制 度

瑙鲁提供免费医疗服务。全国病人能够得到来自澳大利亚的医疗专家的诊治，费用由国家承担。2015 年，瑙鲁政府对卫生部门进行审查，筹备制定一项新的部门战略，起草、修订卫生立法，例如《卫生法》和《国家药品政策》。在实施和监督立法方面，政府也继续开展工作。卫生部在医院重建方面取得了进展。瑙鲁的主要发展伙伴澳大利亚已同意为该项目承担 1150 万美元，通过澳大利亚移民与边境保护部加以实施。通过该项目，瑙鲁共和国医院的基础设施将显著改善。根据瑙鲁政府医疗制度，政府提供疫苗。2015年，1 岁以内的婴儿注射麻疹疫苗的比例达到 98%。瑙鲁使用改良的卫生设施的人口占到了 66%。

调查显示，2015 年，政府人均医疗支出为 500 美元。97% 的新生儿由合格的保健人员接生。但是，瑙鲁不是《经济、社会、文化权利国际公约》（The International Covenant on Economic, Social and Cultural Rights）的签署国，该公约承诺确保"人人有权享有可达到的最高标准的身心健康"。

在妇女儿童医疗方面，联合国儿童权利委员会和消除对妇女一切形式歧视委员会认为，政府为新生儿和母亲提供的及时产后护理有限，也没有任何家访政策；在减少和消除 5 岁以下儿童可预防的死亡和疾病方面，缺乏立足人权的政策；没有实施全母乳喂养政策，这使得人工喂养非常普遍；儿童肥胖率高，影响儿童健康；缺乏对寻求庇护儿童和难民儿童的保健服务，由于居所拥挤且不卫生，他们中很多人已患上慢性病，而瑙鲁难民处理中心没有儿科医生。瑙鲁缺乏合格的精神科医生，尤其是针对儿童的精神科医生和心理医生，也没有面向所有儿童的基于社区的精神保健服务。

外国的医疗援助，包括来自澳大利亚、新西兰、古巴等国家的援助，在一定程度上改善了瑙鲁的医疗条件。澳大利亚的援助资金有助于在瑙鲁卫生部创造更多的高级管理职位，为公共卫生部门工作人员提供培训。2013～2014 年，澳大利亚为瑙鲁提供了 390 万澳元援助，主要用于修建医院、购置医疗设备和药品，提升医护人员的薪水和邀请外国医疗专家来访。

二　主要疾病

1. 非传染性疾病

安逸无忧的生活使瑙鲁逾 90% 的居民身高体重指数高出世界平均水平。据 2015 年统计，约 97% 的男性和 93% 的女性体重超重。瑙鲁 30 岁以上的男性体重大多超过 150 千克。瑙鲁人患有肥胖症、糖尿病、心脏病等非传染性疾病的比例较高。糖尿病发病率居世界第一位，瑙鲁是世界上成人患有糖尿病比例最高的国家。国际糖尿病联合会（IDF）2015 年统计称有 31% 的瑙鲁人患有糖尿病。在 55～64 岁的年龄组中，这一比例高达 45%。其他相关的主要疾病，如心脏病和肾病的发病率也很高。2014 年的统计数据显示，25～64 岁的人群中有 60% 左右的人肥胖，27% 左右的人患有糖尿病。这虽然与遗传基因有关，但瑙鲁人慵懒的生活方式和高脂肪的饮食结构无疑也是重要的诱因。

有专家认为，太平洋岛民天生具有易胖的体质，哈佛大学的研究人员解释说高能量、低营养的食物才是岛民快速肥胖的原因。二战后，西方国家开发了太平洋上的多数小岛，并鼓励岛民食用进口食品，渔业和种植业逐渐消失。自此，岛民肥胖率不断上升。传统的食物如生鱼、生肉和当地水果蔬菜等逐渐被大米、糖、面粉、肉罐头、水果及蔬菜罐头、饮料和啤酒取代。人们不健康的生活方式和缺乏锻炼是促发疾病的主要原因。岛上最流行的打发时间的方式是驾车在只有20分钟车程的环岛公路上兜风。岛上最大的商场"堪佩里"商场中食品货架上的饼干比水果和蔬菜要多三倍；餐馆里也流行油腻的油炸食品。早些时候，瑙鲁前总统哈里斯为了号召人们保持健康，开始在该岛1000余米长的机场跑道上步行锻炼。但这一举动没有吸引岛民的注意力，他们都去观看一个叫"大就是美"的露天选美比赛了。而哈里斯总统本人在他的第一次锻炼中受伤，被送往澳大利亚接受紧急治疗。瑙鲁对肥胖的文化态度在该国高肥胖率方面也发挥了重要作用。肥胖在瑙鲁被视为拥有财富的象征。

作为国家可持续发展战略的一部分，2009年政府启动了"瑙鲁非传染性疾病行动计划"，通过鼓励人们参加体育活动，加强营养教育，阻止酒精和烟草使用，降低糖尿病和肥胖症的发病率。政府实施的"世界卫生组织国家合作战略议程"项目，通过使用改进的食品控制系统，预防肥胖症和糖尿病。瑙鲁人不健康的生活方式，与瑙鲁有限的农业生产和进口新鲜食品的成本较高有关。《2005～2025年国家可持续发展战略》专门提及了对抗非传染性疾病的措施，包括向公众提供有效的临床医疗服务和预防性保健服务，该战略还致力于满足联合国各项公约的要求，例如世界卫生组织烟草控制框架公约、《国际人口发展公约》和《儿童权利公约》。政府部门还不断采取措施提高医疗卫生水平，加快药物运送速度，改善医疗设备管理系统等。

瑙鲁最常见的精神疾病是抑郁症。目前，瑙鲁共和国医院不断改善精神卫生服务，医院安排精神卫生专家进行季度性定期巡诊，公共卫生小组负责宣传和社区联络工作。患有精神病的患者集中向澳大利亚申请庇护。非传染性疾病引发的死亡约占死亡率的70%。据2015年统计，瑙鲁最流行的非传染性疾病是心血管疾病，占所有年龄组总死亡人数的40%。癌症、呼吸系统疾病和糖尿病的传染性变异分别占总死亡率的9%、5%和4%。

2. 传染性疾病

在瑙鲁，肺结核已经得到了有效控制。2014年，肺结核发病率为万分之七点三，患病率为万分之九点四，死亡率为万分之零点六①。2013年，经过短期治疗，67名肺结核病人得到治愈。2014年，有110人接受肺结核病的短期观察。调查显示，2012～2016年，瑙鲁结核病（TB）发病率显著下降。

截至2011年，该国没有感染艾滋病病毒、患艾滋病的病例。在世界卫生组织统计的主要疾病名单中，没有感染疟疾的报告，也没有政府采取的具体措施。瑙鲁政府正在加强和扩大性传播感染和艾滋病病毒防控的宣传力度。

三　医疗机构

瑙鲁共和国医院是瑙鲁最大的国有医院，承担着面向全国人民的医疗服务。1999年，瑙鲁政府运营的瑙鲁总医院（Nauru General Hospital）和瑙鲁磷酸盐公司医院（Nauru Phosphate Corporation Hospital）合并成立国有的瑙鲁共和国医院（Republic of

---

① https：//www.adb.org/publications/basic - statistics - 2016.

Nauru Hospital，RONH），为所有国民提供全科免费医疗和牙科治疗服务。

合并之后的瑙鲁共和国医院位于亚伦区，主要职责是为瑙鲁国民提供基本医疗服务，特别是治疗糖尿病、肥胖症以及与肥胖相关的疾病。医院有放射科和实验室，有一个手术室，但没有磁共振成像（MRI）以及 CT 扫描设备。因为设备以及医疗水平的限制，任何患有严重疾病的病人无法在国内治疗，必须通过飞机运送到澳大利亚医疗机构进行医治。瑙鲁没有药物制造企业，没有独立的药物管理局，所以瑙鲁药店的药品需要从澳大利亚和荷兰进口，并且经常出现供应短缺的现象。

瑙鲁不仅医疗药品缺乏，医院医生和护士也非常缺乏。古巴和印度曾对瑙鲁进行了医疗援助。特别是澳大利亚在瑙鲁的难民处理中心，经常出现患有疾病的儿童和妇女得不到及时的救治，这一问题受到国际人权组织的指责。

2015 年，遭受火灾损坏的瑙鲁共和国医院进行了恢复性建设，并且举行了奠基仪式。建设后的瑙鲁共和国医院包括新的急诊室、门诊室、病房、儿科病房和手术室。2016 年新的瑙鲁共和国医院投入使用。瑙鲁卫生部部长多威约戈（Valdon Dowiyogo）表示，新的医院设施将大大减少政府海外医疗转诊的费用。他说，医院安装了计算机轴向断层（CAT）扫描仪。这些设施提高了诊断成像和医生病理分析能力。澳大利亚政府为瑙鲁共和国医院提供了超过 800万美元的援助。①

---

① http：//www. radionz. co. nz/international/pacific - news/280468/nauru - hospital - rebuild - underway.

第三节　公民权利保护

瑙鲁建立了较为完善的法律审查程序，努力推进国内立法进程。政府承诺并加强了对青少年儿童、妇女等群体的保护，人权状况有了明显的改善。瑙鲁是犯罪率极低的国家，这源于瑙鲁薄弱的经济基础、严格的土地所有制管理和限制外国投资的政策。

一　人权法案与机构

瑙鲁共和国是联合国人权理事会会员国。为推进人权工作，瑙鲁政府批准了《消除对妇女一切形式歧视公约》（2011 年）、《残疾人权利公约》（2012 年）、《禁止酷刑和其他残忍、不人道或有辱人格的待遇或处罚公约》（简称《禁止酷刑公约》，2012 年）、《禁止酷刑和其他残忍、不人道或有辱人格的待遇或处罚公约任择议定书》（2013 年）、《难民法》（2012 年）、《日内瓦公约法》（2012 年）、《寻求庇护者（区域处理中心）法》（2012 年）和《第 73 条宪法修正案》、《2009～2015 年国家青年政策》、《2014 年瑙鲁性别问题国家计划》等。2015 年，瑙鲁政府颁布了《网络犯罪法》、《收养法修订案》、《国籍法修订案》和《瑙鲁国家残疾人政策》等；为了推进儿童权利保护工作，2015 年瑙鲁还设立了儿童保护服务司。

瑙鲁司法和边境管理部是负责处理瑙鲁人权问题的政府牵头部门，2016 年瑙鲁政府设立了一个条约问题工作组，该工作组由多个政府部门组成并由外交事务秘书主持。在出现涉及其他部门的有关人权的问题时，条约问题工作组会吸纳来自其他部门的人员，如教育部、司法和边境管理部、外交部、妇女部、儿童保护服务司、卫生部、环境部、体育部、议会、惩教处、审计办公室和统计办公室等。条约问题工作组的任务是：准确记录瑙鲁的所有条约执行活动；监测和规划瑙鲁遵守国际条约的情况；向国际组织递交条约执行报告，并在需要时寻求外部技术援助；就条约执行问题为政府提供建议和咨询意见。处理瑙鲁人权问题的政府办事处和部委包括：总统办公室；检察长办公室；司法和边境管理部；外交部；内政部；儿童保护服务司；教育部；卫生部；瑙鲁警察部队；惩教处。

2015 年，联合国《禁止酷刑公约》小组委员会成功访问了瑙鲁，考察了瑙鲁执行《禁止酷刑公约》的情况。同年 9 月，联合国人权事务高级专员办事处与瑙鲁司法和边境管理部、外交部合作，召集了一个培训班。培训的目的是使政府部门掌握关于条约批准、报告和执行等进程和目的的信息。

二　国家残疾人政策

2015 年，政府制定了《瑙鲁国家残疾人政策》（简称《残疾人政策》），这是一个关于残疾人工作的全面框架，以满足残疾人的需要和维护残疾人的权利，特别是提高他们的生活质量，使残疾人充分平等地享有公民权利。

《残疾人政策》反映了瑙鲁对残疾人的包容和无障碍社会发展愿景：在与他人平等的基础上，残疾人能够有尊严地生活，享有人权。2012 年 6 月，瑙鲁加入了《残疾人权利公约》（简称《残权公约》），《残权公约》所阐述的主要原则和核心价值是不歧视残疾人，尊重残疾人的固有尊严，保证残疾人充分和有效地参与各项活动。它确定了关键领域，以实现更大的包容性，消除妨碍残疾人充分参与瑙鲁政治、文化、社会和经济生活的障碍。值得指出的是，《残权公约》为瑙鲁国家残疾人政策提供了一个全面的指导框架。瑙鲁还是《2013～2022年落实亚太地区残疾人权利仁川战略》、《太平洋区域残疾人权利战略（2011～2015年)》重要区域框架的缔约方，为瑙鲁残疾人工作的开展发挥重要参考作用。

2015年5月，司法和边境管理部、教育部、太平洋岛国论坛秘书处和太平洋残疾人论坛举行了关于瑙鲁国家残疾人政策的一次全国磋商。在磋商中，国家残疾人组织、民间社会组织、政府部门和捐助伙伴，共同讨论了瑙鲁国家残疾人政策并就此进行了对话，制定并确认了瑙鲁国家残疾人政策。同年6月，教育部完成了关于《残疾人权利公约》的第一次立法遵约审查。该工作是与太平洋岛国论坛秘书处、亚太经社会、教育部、司法和边境管理部合作进行的。审查工作由政府、民间社会组织及利益攸关方参与。

三 青年就业政策

瑙鲁青年事务司（内政部下辖的一个司）制定了一项全面的《瑙鲁国家青年政策（2009～2015年)》。然而，由于受资金限制，《瑙鲁国家青年政策（2009～2015年)》文件未正式获得通过。《瑙鲁国家青年政策（2009～2015年)》概述了四个核心战略，这些战略旨在为解决影响瑙鲁青年人的新问题提供指导方针。这些核心战略是：通过正规教育和非正规教育，开发青年人的技能；拓展就业和创收渠道；创造社会发展、扶持型环境；制定跨部门举措。政府提出了一项审查瑙鲁国家青年政策的建议，特别是修订关于"青年"年龄的定义，以满足《儿童权利公约》的要求。《瑙鲁国家青年政策（2009~2015年）》将15~34岁的人定义为青年。此外，性别问题是国家青年政策活动和方案的制定、实施、监测和评估进程等各个方面的关键内容。

四 妇女权利保护

瑙鲁政府通过内政部，特别是妇女事务司和儿童保护服务司，促进了社区领导人和社区成员对妇女工作的认识，对他们进行了具体的人权培训。妇女事务司提供了妇女权利援助和培训，还与太平洋共同体秘书处一起为关于暴力侵害妇女问题的全国研讨提供了便利。全国研讨的目的是，讨论和确定是否需要对家庭暴力进行立法。

为推动妇女工作开展，瑙鲁制定了《2014~2019年瑙鲁国家妇女政策》。《2014~2019年瑙鲁国家妇女政策》旨在协助实现《2005~2022年国家可持续发展战略》中的性别绩效指标。该政策按照联合国《消除对妇女一切形式歧视公约》的要求，为《国家妇女行动计划》所确定的关切领域提供了一个国家框架。国家制定的妇女政策需要多部门执行，并在瑙鲁性别优先事项方面指导政府、民间社会和社区代表开展工作。

国家妇女政策的目标是：

· 加强妇女在政府、国有企业和基层方面的决策参与和领导；

·消除一切暴力侵害妇女的行为；

·提高妇女的经济地位，确保妇女在工作场所享有与男子平等的地位；

·改善妇女健康（包括生殖健康和生殖权利）；

·确保妇女便利地和平等地获得保健服务；

·确保女童和妇女更多地和公平地接受各级教育；

·加强妇女事务司、政府各机构将两性平等方案主流化。

瑙鲁还制定有《瑙鲁妇女国家行动计划（1998～2015年)》，旨在改善瑙鲁妇女的生活质量。该行动计划确定了16个专题，主要是：妇女与保健；妇女的教育和培训；暴力侵害妇女行为；宗教；妇女的人权；妇女参与决策；妇女和文化；妇女与媒体；社区与家庭；儿童（女童）；善政；妇女与经济；从事种植业和渔业的妇女；妇女与环境；青年；妇女参与体育活动。这些专题的实现，能够有效地改善瑙鲁妇女的生活质量。妇女事务司负责监测《瑙鲁妇女国家行动计划（1998～2015年)》的执行情况。

内政部通过妇女事务司制定了《瑙鲁国家妇女政策（2014～2024)》、《瑙鲁妇女行动计划（2005～2015)》、《瑙鲁青年妇女行动计划（2009～2015)》，指导与妇女问题相关的发展工作，特别是消除对妇女的暴力行为。妇女事务司还依据月度报告和年度报告，监测和衡量国家在妇女权利领域取得的进展。此外，2014年，妇女事务司在联合国家庭保护协会的技术支持和澳大利亚援助署的资金支持下，进行了瑙鲁家庭健康研究。这是一项关于暴力侵害妇女和女童行为的探索研究。瑙鲁家庭健康研究的成果，以出版小册

子和电视电台访谈的方式得到充分传播，在社区层面提高了人们对消除暴力侵害妇女行为的认识。

《瑙鲁妇女行动计划（2005～2015）》规定通过制定政策和推广做法，提高妇女地位，促进两性平等。妇女事务司正在争取社区参与，制定了宣传方案，增加妇女在议会中的议席。2013年，瑙鲁举行了议会选举，有更多的妇女参加选举，经过激烈竞争，一名女性候选人在议会中当选，她拥有一个部级职位和多种头衔。2015年，女性议员在议会中所占比例为5%[①]。

五 儿童权利保护

联合国儿童权利委员会认为，瑙鲁设立的儿童保护服务司在儿童权利保护方面取得了积极进展，在安排受虐待儿童生活时，充分考虑到儿童的需求。然而，传统习俗和文化态度依然阻碍儿童充分、自由表达意见，传统观念依然根深蒂固。据亚洲开发银行统计，2011年，16～19岁女孩生育的比例占到了10.5%，青少年怀孕率达到了15%。政府认为，青少年女性高怀孕率和高失业率一样，对瑙鲁经济和社会发展造成了威胁。

2015年，瑙鲁政府设立儿童保护服务司，旨在为儿童权利保护提供政策支持。儿童保护服务司由内政部配备人员，常设机构设在内政部。现已设立三个政府职位：儿童保护服务司司长、高级保护干事和儿童保护干事，专门处理与瑙鲁儿童相关的问题，制定了全国服务系统和程序，高效地处理虐待儿童案件。此外，瑙鲁警察部队的家庭暴力办公室设有2名工作人员，为儿童保护服务司的工

---

① https：//www.adb.org/publications/basic－statistics－2016.

作提供支持，其任务是调查、报告和回应家庭暴力案件，帮助受虐待儿童。2015 年，政府制定了《网络犯罪法》，这是完全针对网络安全特别是保护儿童免遭虐待的一部重要法律。在瑙鲁，网络犯罪被定义为：通过计算机或其他信息和通信技术进行黑客入侵和服务攻击，或者通过使用计算机或信息和通信技术进行在线欺诈、身份盗窃和分发虐童资料。

政府还通过社会媒体打击对未成年人的日益严重的性侵犯和性虐待。尽管如此，瑙鲁法律在关于儿童保护的某些问题上依然模糊不清，或无有关法律可以参照。2015 年，联合国儿童权利委员会对瑙鲁的儿童权利保护情况进行了审议，提出了存在的问题，对瑙鲁政府提出了一些要求：制定一项促进和保护儿童权利的综合政策，并确保给予充足的人力、技术和财政支持；确保与包括儿童在内的所有利益攸关方进行磋商，以制定儿童保护政策，并定期评估政策执行的效果；儿童保护服务司应配备充足的人力和财政资源；为社会福利部门制定一项能力建设战略，包括为内政部及其下属机构制定关于儿童福利和保护的教育及发展方案。同时，政府应为接触儿童或服务于儿童的专业机构和人员，例如执法人员、法官、律师、医护人员、教师、学校管理人员、社工、媒体从业者以及其他有需要的群体，提供关于儿童保护的系统性培训；在各级学校课程中开设关于《儿童权利公约》原则和规定的教学，并强调人与人之间的宽容和个体之间的多样性；注重儿童社会参与和儿童权利信息传播；为儿童保护人员和其他儿童福利人员制定培训和业务手册。

联合国儿童权利委员会注意到，瑙鲁政府 2015 ~ 2016 年的预算分配考虑到了用于执行《儿童权利公约》的预算，但是在此过

程中并没有规定为相关部门和机构中的儿童以及弱势儿童分配预算，也没有规定相应的考核指标和追踪系统。

瑙鲁当前财政收入有限，在维护儿童权利方面受到制约。瑙鲁缺乏一个系统的儿童数据收集机制，导致关于儿童的分类数据匮乏，尤其是缺少关于残疾儿童、寻求庇护儿童及难民儿童等生存状况边缘化儿童的分类数据。2015 年调查显示，依照《关于增进和保护人权的国家机构的地位的原则》（《巴黎原则》），《儿童权利公约》缔约国应该设立一个国家人权机构，包括设立一个监察员办公室。然而，瑙鲁至今尚无任何进展，没有设立监测儿童权利的具体机制。2016 年 1 月，联合国儿童权利委员会向瑙鲁提出建议，让民间社会参与规划、执行、监测和评价关于儿童权利的各项政策、计划、方案。

在儿童遭受暴力侵害方面，瑙鲁提供给联合国的资料表明，约有 30% 的女童曾在 15 岁之前遭受过性虐待；强奸和其他性侵案件的处罚远远低于法律规定；瑙鲁缺乏协调机制来处理已遭受或有可能遭受暴力侵害的儿童的案件，为受虐待儿童提供的避难住宿和咨询服务不足；社会普遍认为家庭暴力是私事或家务事。因此，改善瑙鲁儿童的生活境况，一方面需要政府支持，制定保护性政策，加大财政投入；另一方面，需要提高公众对此问题的认识，改变人们对儿童暴力的态度。

六 预防家庭暴力

与世界上大多数国家一样，家庭暴力是瑙鲁家庭面临的严重问题。2014 年，内政部下属的妇女事务司（Women's Affairs Department）在澳大利亚外交与贸易部（Australian Department of Foreign Affairs and

Trade，DFAT）的资金支持以及联合国人口活动基金会（UNFPA）的支持下进行了一项研究，认识和了解到瑙鲁女性遭受暴力侵害的现状和造成的后果。该项目组最初选择了 300 名女性参与调查，但只有 60 名女性同意接受调查。据统计，有 48.1% 的女性一生中至少遭受过一次关系亲密伴侣的身体暴力或性暴力，而在访谈前的一年内，遭受过暴力的则有 22.1%。其中，50.8% 的女性表示曾受过伤，18% 的女性表示受伤严重，甚至需要接受治疗。近 29% 的女性表示，她们除了向家人和朋友暗示以外，从来没有告诉过任何人自己遭受过暴力事件。大约 68% 的女性从未向官方服务机构或当局求救。

为预防家庭暴力，瑙鲁政府制定了《瑙鲁性别问题国家计划》，通过系列措施，预防家庭暴力的发生。瑙鲁共和国医院安排一位全日制社会心理咨询师，为遭受家庭暴力人员、酗酒者和怀孕少女等提供心理疏导服务。通过瑙鲁共和国医院（医生和治疗人员）、学校（学校联络人员）、国家警察部队（家庭暴力问题小组和安全之家）建立了横向预防系统，将有效提高卫生部门的响应速度和服务水平，以预防家庭暴力；通过立法和司法，给受害者以法律救济，以减少家庭暴力；同时增加妇女的领导机会和决策机会。

此外，瑙鲁政府通过司法和边界管理部与有关政府部门就促进具体的人权事宜进行讨论，特别是要遵守《关于买卖儿童、儿童色情制品和儿童卖淫的任择议定书》、《公民权利和政治权利国际公约》、《经济、社会、文化权利国际公约》、《联合国打击跨国有组织犯罪公约》、《关于难民地位的公约》以及《1967 年议定书》等国际性条约。

第四节 环境保护

瑙鲁的环境问题非常突出，除了要面对磷酸盐矿开发留下的无法恢复的礁石，还要面临各种自然灾害的威胁。气候变化依然是威胁瑙鲁生计的重要问题。瑙鲁加入了关于气候变化的国际组织，是《生物多样性公约》和《联合国气候变化公约》等国际环境公约的缔约国。

一 环境问题

瑙鲁磷酸盐矿开采已经使全国 80% 的土地荒芜，因此可耕种的土地少之又少。气候变化还会影响当地仅有的粮食生产，并造成干旱、水资源匮乏以及沿海土地被淹没。

21 世纪以来，瑙鲁的磷酸盐矿进入了深层次开发阶段，海岛上 80% 的土地已被毁坏。有专家估算，修复该岛需要花费 4 亿美元和二十年的时间。高昂的费用对财政已经十分拮据的瑙鲁而言，简直就是天方夜谭。

在全球频发的环境危机中，瑙鲁的表现格外突出。矿区凹面镜般的地表导致岛屿上空太阳热能聚集不散，妨碍积雨云的形成，造成当地气候异常干燥。如果想让森林在自然状态下恢复，那么即便只恢复到中等规模，也需要好几个世纪的时间。瑙鲁面临的环境问题表现在以下几个方面。

第一，定期干旱给人们的日常生活带来了灾难。瑙鲁有限的天然淡水资源主要是屋顶储罐收集的雨水，以及来自老化的海水淡化厂淡化的海水。

第二，极端的土壤条件不适宜农作物生长。土壤条件差是由高碱、高磷酸盐和低钾引起的。植物用肥料，如铁、锰、铜、钼和锌等都不能施用，农作物收成非常差。

第三，磷酸盐资源的过度开采。过去百余年中，磷酸盐资源的过度开采，使瑙鲁 80% 的地区土地荒芜，并威胁到有限的剩余土地资源。

第四，全球气候变暖和海平面上升对小岛国的影响已经显现。气候变暖不仅影响粮食生产，还会造成干旱、水资源匮乏以及沿海土地被淹没。越来越频繁造访的飓风、洪水以及淡水的缺乏等都使得许多生活在岛国低洼地带的人们被迫迁徙。联合国亚洲及太平洋经济社会委员会及联合国环境与人类安全研究所对位于基里巴斯、瑙鲁和图瓦卢的 852 户家庭、6852 人进行了调查。2015年发表的针对太平洋小岛国的环境研究报告显示，那里越来越多的人正在成为气候难民。尽管气候难民需要得到更多的关注，但他们并不是《联合国日内瓦难民公约》认可的难民，这使得气候难民仍然处于法律空白地带，① 国际上尚未制定关于气候难民的专门法律。

二 产生原因

瑙鲁环境问题由来已久，与磷酸盐矿的开采具有直接联系。1921 年，美国《国家地理》报道说："开采完的矿场一派凄凉而苍白的景象，破碎的珊瑚、废弃的矿车、装矿石的篮子，还

---

① 石毅：《小岛国呼吁将全球升温控制在 1.5 度》，http：//www. thepaper. cn/newsDetail_ forward_ 1404808。

有那锈迹斑斑的美国煤油桶都被胡乱丢弃在矿坑里。然而，即便在这样的荒废场景中，植被仍然开始生长，新生的露兜树和椰子树张开了叶片。"从 1936 年起，有关瑙鲁的人类学田野调查报告连续出版。这些报告指出瑙鲁土著人的生活并不浪漫，反倒显得原始、落后。当时，磷酸盐开采意味着工业化和进步，至于它对本土环境的破坏，无须多虑。1968 年 1 月 31 日瑙鲁独立后，内希·维维安妮出版了总结瑙鲁独立运动的著作，反映了当时新兴民族国家建设的一种理念：要实现经济发展必须首先不惜代价争取民族独立。由于现代环境运动尚未兴起，人们尚未关注磷酸盐矿开采的环境后果。植物学家萨曼等人组成的调查小组从 20 世纪 70 年代末便开始对瑙鲁植物生态进行实地考察，并连续出版研究报告。这些报告揭示了严峻的现实：瑙鲁人未曾停歇地开采磷酸盐矿，却几乎没有试图恢复遭到破坏的植被与土壤。与此同时，公共卫生专家理查德·泰勒等人则分析了瑙鲁社群日益恶化的健康问题。还有学者指出："独立后的瑙鲁变成了一个无所不包的社会福利国家。……瑙鲁的衰败是'人性'贪婪所致，当刺激人们劳作的动力消失后，这种衰败就发生了。"这一分析把瑙鲁环境的恶化判定为内源性的，认为关键问题在于瑙鲁人的生活方式。进入 21 世纪以来，国际社会出现了一种从资本主义全球市场体系角度分析危机的观点，强调瑙鲁资源环境危机的根源在于资本主义世界市场文化[1]。发生危机是因为资本主义经济本质上忽视可持续发展，而且大众消费文化扼杀了瑙鲁传统文化。

---

[1]　费晟：《瑙鲁资源环境危机再探讨》，《学术研究》2008 年第 9 期。

瑙鲁环境问题与整个亚太区域近现代的命运有关,是一个累积的、多因素合力作用的结果。一方面是太平洋战争带来的影响,另一方面是瑙鲁过于重视经济发展,忽视了环境问题。

三 解决对策

在马尔代夫,政府通过推进一项"安全岛屿计划"来帮助人们更好地适应气候变化。这项计划包括,在一些岛屿的中央修筑高地,修建更能抵抗台风等极端天气的房屋,在海岸修筑水泵以防止海水入侵等。但是,瑙鲁财力有限,政府因为缺乏资金和技术的支持而无法开展大规模的适应项目。许多发达国家仍然对气候变化给这些岛国造成的损失和岛国的呼吁视而不见。瑙鲁只用了100余年便向世人展示了一个社会从与自然友好相处,到掠夺性地开发自然资源,最终遭遇灭顶之灾的完整过程。瑙鲁政府也正在采取措施解决环境问题。

1. 土地修复

从1907年至第一次世界大战结束,德国曾对瑙鲁的磷酸盐矿进行了有限的开采,有大约63万吨的磷酸盐矿石被开采出来。一战后,瑙鲁由澳大利亚、新西兰、英国三个国家"委任统治",它们就磷酸盐矿的开发问题达成协议:磷酸盐公司直接承担瑙鲁的一切开销,包括向瑙鲁人支付的小额补偿金;三国各派一名代表组成管理委员会;三国按配额以成本价购买磷酸盐矿石。这样从1919年至1968年瑙鲁独立,总共近3400万吨的磷酸盐矿石被开采。一份关于瑙鲁生态的调查报告称:"直到1968年,2/3的顶层地区的自然条件仍处于采矿以前的水平。90%的当地物种仍然存在,那1/3被破坏了的地区的土地能够得到恢复。运走矿石的船可以带回

等量的土壤。"① 但瑙鲁为了尽快独立，以接管磷酸盐公司这棵"摇钱树"，舍弃了恢复环境的最佳时机。

瑙鲁独立后，在德罗伯特总统的领导下，开始大规模地开采磷酸盐矿。在收回磷酸盐产业的第一年，开采量就超过了德国殖民统治时期开采量的总和。国家独立初期成立了"瑙鲁环境恢复基金"，在 20 世纪 70 年代，恢复基金已累积到 2.14 亿美元，然而几乎没有一分钱投入环境恢复工作中。早在 1950 年，联合国托管理事会就已经发现，瑙鲁磷酸盐资源将会在不到 70 年的时间里采完，理事会建议瑙鲁人在未来可以重新生产椰肉干、发展商业捕鱼、学习农耕，但是瑙鲁人对农业生产态度冷淡。

1989 年，瑙鲁向国际法院起诉澳大利亚、英国、新西兰，要求三国对在瑙鲁开采磷酸盐造成的生态破坏予以补偿。1993 年，澳大利亚同意支付补偿金，成立瑙鲁复兴公司。但是瑙鲁并未将这笔钱使用在环境恢复上，却进行了大量的海外投资。磷酸盐矿的开采沿袭原来的方法，每一点产出，都伴随着一系列的环境破坏。进入 21 世纪以后，瑙鲁修复被破坏的土地的目标几乎不可能实现。一方面是瑙鲁的财政已经十分困难，另一方面生态环境的破坏在日益加剧，已经错过了恢复环境的最佳时期。瑙鲁现有土地不能种植足够的农作物，人们没有收入，未来的情况会更加糟糕。瑙鲁政府只有培训更多的年轻人加入土地修复计划，才能塑造未来。

瑙鲁自 2016 年开始实施"从山脊到礁岩"项目，该项目旨在通过以下途径改善瑙鲁的生态系统。一是加大商品和服务供应；二是采取综合方法加强土地、水资源、森林、生物多样性和沿海资源管

---

① 毛琴：《瑙鲁弱可持续发展的生态后果及其启示》，《财经政法资讯》2009 年第 4 期。

理，发展可持续生计，提高对气候变化的适应性。

2. 积极参加全球性和区域性环境组织

瑙鲁批准了《联合国气候变化框架公约》（1993 年）和《京都议定书》（2001 年）。瑙鲁政府采取了具体步骤和措施，以确保遵守这些国际公约下的义务。瑙鲁还参与了区域气候变化会议，包括太平洋气候变化圆桌会议，该会议为应对气候变化挑战提供了整体区域对策，主要讨论太平洋岛国关于气候变化行动框架的执行情况。2014 年，瑙鲁政府积极参加小岛屿发展中国家会议，参与制定《巴巴多斯行动纲领》（Barbados Programme of Action）和《毛里求斯战略》的 2015 年后合作框架。《巴巴多斯行动纲领》于 1994 年在联合国小岛屿发展中国家可持续发展全球会议上获得通过。该行动纲领从国家、地区和国际层面提出了一系列支持小岛屿发展中国家可持续发展的具体行动和措施。2014 年 9 月，小岛屿发展中国家第三次国际会议在萨摩亚首都阿皮亚召开。通过参加小岛屿发展中国家联盟和联合国可持续发展目标工作组，瑙鲁表达了治理环境的承诺。2015 年，世界气候变化大会在巴黎召开，瑙鲁通过该组织发声，表达自己的环境诉求，以引起国际社会的关注。瑙鲁总统巴伦·瓦卡说："气候变化切切实实地把我们团结在了一起。当一个大浪打来的时候，小独木舟就会连同我们每一个人一起被卷走。"他认为，"最贫困、最脆弱的岛国正在为气候变化付出代价"。

瑙鲁、帕劳等小岛国对签订《巴黎协定》最为积极，它们提前完成国内立法批准程序，在 2016 年 4 月 22 日完成签约仪式，向联合国递交批准文件，正式加入了《巴黎协定》。

3. 采取措施，加强对环境风险的管控

瑙鲁政府设立了国家应急管理服务司，制订了《灾害风险管控

计划》和《灾害风险管控法》，经过内部讨论获得通过，目的是加强
和提升国家应急管理服务司和应对气候变化小组人员的能力，以监
测各种方案和政策的实施，定期修订国家灾害管理政策。2015 年，
瑙鲁政府制定了《气候变化和减少灾害风险框架》。

4. 接受国际组织的援助

联合国亚太经社会实施了针对太平洋气候变化的移徙项目，该
项目的目标是：提升太平洋岛屿国家管控气候变化以及应对移徙影
响的能力。该项目于 2013～2016 年主要在图瓦卢、基里巴斯和瑙鲁
等国实施。在瑙鲁实施的四项国家活动是：帮助进行劳工移徙数据
的分析；通过社区调查，了解社区和个人对移徙的态度；制定并开
始实施由气候变化引起的移徙和异地安置问题；加强国家有效地参
与区域、双边和全球移徙计划的能力。

第六章

文　化

由于瑙鲁特殊的殖民地经历与资本主义世界市场的运转，西方资本主义文化的扩张对瑙鲁本土生活具有巨大的改造力。但是，西方文化与本土文化又存在一个张力，二者之间并不是简单的替代。一方面，瑙鲁的教育、体育、新闻出版都受到西方的深刻影响，以致本土传统几乎丧失殆尽，只有很少的习俗得以保留下来，多数艺术和手工技艺已经失传。另一方面，瑙鲁人的社会分配模式、"快乐生活"的理念又具有很强的能动性与自我维持力。

第一节　教育

瑙鲁重视教育，将年轻人视为国家的未来和希望。国家富裕时期制定的免费教育制度一直沿袭至今。但是，当前的教育状况并不乐观，师资严重不足，学生逃学现象突出。

一　教育现状

瑙鲁教育部将培育公民作为首要任务。具体而言，就是确保每个瑙鲁人识字，享有受教育的权利；确保每一位国民获得高水平的教育和培训；确保学生毕业后，能够成为一个有能力、高效的工作人员，或者能够到国外接受更高级别的教育，成为独立的个体。① 《2005～2025年国家可持续发展战略》中"教育发展目标"一项，其主要内容是：在教育部门制定的学习与环境发展框架下，通过《2008～2013年教育和培训战略计划》，教育学生离开学校后成为一个自信的公民，在全球化的社会中为国家做出贡献。②

尽管瑙鲁实行义务教育，学生上学不需要交学费，但仍有不少学生到外国学习，全部费用由国家承担。尽管如此，也只有13%的学生能够获得大学文凭。另外，由于学生没有明确的目标和职业意识，加剧了逃学现象。越来越多的家长认为，孩子读书不能够改变当前的困境，不愿意让孩子踏上求学的道路。这一现象源自20世纪90年代人们在经济崩溃之后对瑙鲁教育体系缺乏信任。这些家长是瑙鲁经济繁荣结束时期的学生，他们被称为"迷惘的一代"，他们很难控制或影响孩子的教育。在父亲母亲都有工作的家庭中，年龄较大的儿童对年幼的弟弟妹妹负有照料责任，这也进一步导致了高缺勤率。

根据2011年的《教育法》，瑙鲁的义务教育阶段是5～18岁。孩子一般会在4岁接受非强制性教育，这样能够为其进入小学阶段奠定基础。据澳大利亚外交与贸易部2014年的报告，2011年瑙鲁共有3026名学生在校学习。2014年，小学入学率为88.1%，其中男学生入学率为90.3%，女学生入学率为

---

① http：//www. naurugov. nr/government/departments/department – of – education. aspx.
② http：//www. naurugov. nr/government/departments/department – of – education. aspx.

85.8%①。小学阶段男女生的比例是1∶0.92，中学阶段男女生的比例是1∶1.02。调查显示，义务教育阶段，女学生在学校学习的时间高于男学生在校学习的时间。女学生获取高级别奖学金的比例也高于男学生。

教育部2014年推出了教育改革议程，改革议程确定了一些关键领域，包括提高在校学生比例；提高教师出勤率和准时上课率；提高学生的入学率、毕业率和升学率；提高所有学生的学习成果；提高每个行业的识字水平；建立和维持熟练劳动力队伍；确保学校的安全与卫生；改善学校设施，坚持执行制定的新课程标准。为实现上述目标，教育部制定了四个方面的措施：提高幼儿园、小学和中学的教育质量和办学条件；创建一个系统的教育体系并持续不断地加以改进；提高所有学生的学习成果；形成一支可持续、高质量的教工队伍，以满足未来教育的需要。

按照2011年《教育法》的要求，教育部制定了一个针对学生逃学问题的政策，以支持"教育年度业务计划"的实现。这项工作由教育联络处加以协调，该联络处由一个联络主任和国家学校（即四所幼儿园、两所小学、一所中学、凯泽学院和"残者不残中心"）的学校联络人组成。活动方案包括：学校供餐方案，向所有学生提供免费午餐；认真执行《教育法》，根据该法，逃学儿童家长应受到检控和罚款；为学生提供书包、书籍等。为奖励学生出勤，政府实施了学校津贴方案，每周向每名学生发放5美元的学生津贴。在这种政策的支持下，学生出勤率提升了20%～30%。政府还修订了学校课程，为已辍学的学生（包括青少年母亲）提供

---

① https：//www.adb.org/publications/basic‐statistics‐2016.

更多的职业衔接课程和重返学校课程。开展家庭生活教育计划，为青少年提供基本的性教育知识和生活技能。2012 年，瑙鲁开始实施辍学返校计划，并取得一定成效。2012 年，重返学校的学生包括 68 名男生和 11 名女生。2013 年返校学生包括 52 名男生和 20 名女生。① 数据显示，重返学校的男生人数下降，女生增加，表明更多的女生回到学校。政府认为，学生重返学校是一个积极的趋势，需要持续坚持下去。

根据联合国 2030 年可持续发展目标，到 2030 年瑙鲁应确保所有学生接受免费、公平和优质的中小学教育和学前教育。为此，在教育方面，瑙鲁政府要再接再厉，让所有学生都能获得优质教育；制定降低辍学率的方案；确保寻求庇护儿童在平等的基础上，与本国其他所有儿童一样充分享有受教育的权利；在学校中开展宣传活动，防止对任何儿童的欺凌和暴力行为。

在学校基础设施建设方面，政府也取得了很大成绩，学校翻新工程继续进行。具体而言，继续开展凯泽学院重大项目改造，同时修缮其他学校的校舍。"学习村"建设取得稳步进展。截至 2015 年 5 月，"学习村"第一阶段工程已成功完成，技术和职业教育与汽车培训中心已正式启动。

为实现普及初等教育的目标，瑙鲁政府需要做更多的工作，包括维持中小学入学率和中学生在校率。2013 年，区域千年发展目标跟踪报告显示，瑙鲁在教育中实现了男女平等，但高中男生的入学率令人担忧。该报告还强调了所有太平洋岛国普遍存在的总体趋势，即在学校中女孩入学率高。但女性在技术、科学、工

---

① 瑙鲁教育部 2014 年公布的数据。

程和管理等方面接受教育的机会仍有限，突破这种限制仍然是一个挑战。

生殖、性健康和计划生育在学校受到更多的关注，虽然法律没有相应规定，但是人们普遍认为这是教育部门的责任。不过，学生在学校接受这种教育需要法律的支持。政府应该把免费教育、义务教育和限制不当行为结合起来，禁止女生由于怀孕而被驱逐出学校。

二 学前教育

学前教育面向 5 岁及以下的儿童，形式多样，幼儿可在游戏小组、游戏中心、家庭式托儿所、幼儿园、教育和托儿中心接受教育。瑙鲁适龄幼儿进入幼儿园学习的比例非常高，幼儿园的老师一般毕业于南太平洋大学瑙鲁校区，或者毕业于新西兰、澳大利亚的学校。

三 初等、中等教育

瑙鲁的初等教育受西方的影响较大。20 世纪初，基督教新教传教士将西方的教学模式带到了瑙鲁。第一批学校是由传教士菲利普·德拉波特（Philip Delaporte）建立的，传教士使用瑙鲁语言教儿童识字。1923 年，英国、澳大利亚、新西兰联合在瑙鲁实施了义务教育，并制定了采用英语教学的课程。

每个区的儿童都有机会进入亚伦小学（Yaren Primary School）（1～3 年级），然后进入小学（Primary School）（4～6 年级），接着进入瑙鲁学院（Nauru College）（7～9 年级），最后进入瑙鲁高中（Nauru Secondary School）（10～12 年级），义务教育在 12 年级结

束。凯泽学院是一所天主教资助的学校，为即将进入瑙鲁学院 9 年级学习的学生提供衔接教育。

瑙鲁学院类似于中国的初中，学校里有 500 多名学生，在瑙鲁应该算是规模比较大的学校了。

在义务教育阶段，除了校服的费用由家长承担，书本材料费和交通费都由政府提供。尽管瑙鲁实行免费教育，但是瑙鲁的学生入学率并不高。

四　高等教育

瑙鲁的高等教育机构是南太平洋大学瑙鲁校区。南太平洋大学成立于 1968 年，由澳大利亚和新西兰提议创办并援助建设，是全球仅有的两所区域性大学之一。该大学由 12 个成员共同所有。成员包括库克群岛、斐济、基里巴斯、马绍尔群岛、瑙鲁、纽埃、所罗门群岛、托克劳（新）、汤加、图瓦卢、瓦努阿图和萨摩亚。主校区设在斐济首都苏瓦，在萨摩亚及瓦努阿图设有教学分校区，在其他一些校区进行网络远程教学。教师主要来自澳大利亚、新西兰、美国、英国、加拿大等国家。该学校在世界上享有很高声誉，海洋系在南半球首屈一指。南太平洋国家的政治、经济界的重要人物绝大多数是从南太平洋大学毕业的。

由于各岛国距离较远，教学任务主要通过远程互联网实现。这种教学模式开始于 20 世纪 70 年代。南太平洋大学的瑙鲁校区位于埃瓦区，成立于 1987 年。开设专业主要集中在教育和商贸方面。学生可以根据个人需要，自由选择学习课程。

五 特殊教育

2002 年，瑙鲁针对残疾儿童设立了"残者不残中心"（Able Disable Centre），该中心满足特殊儿童和其他人员的教育需要。2015 年，"残者不残中心"有 1 名主任、2 名教师、3 名实习教师，其中一名教师有听力障碍。2015 年，"残者不残中心"有 42 名学生，年龄从 4 岁到 34 岁不等。上课时间是星期一到星期五。"残者不残中心"开设的课程侧重于园艺、烹饪、卫生、表演和手工艺，另外还有个性化教育课程。

六 教师队伍建设

瑙鲁教师队伍建设已经取得了一些成绩。瑙鲁与新英格兰大学和南太平洋大学继续联合开展教师进修培训。2016 年初，第一批教师从新英格兰大学毕业，另有教师从南太平洋大学幼儿教育专业毕业。此外，政府还聘用了来自巴布亚新几内亚、基里巴斯和斐济的 15 名外籍幼儿教师和小学教师，填补国内教师队伍空缺。目前，瑙鲁大多数教师是女性，教育部专门向男性教师分配了五个教学奖学金名额，促进更多的男性投入教师行业，发挥榜样引导作用。瑙鲁教师的教学效率和出勤率不高，这是制约教育质量的重要因素。2007 年底，澳大利亚国际开发署向瑙鲁提供了 1100 万美元，用于提升瑙鲁中学教师的教学技能。

第二节 体育

瑙鲁是国际奥林匹克委员会成员。瑙鲁人热衷于举重和澳式橄榄球项目。瑙鲁前总统马库斯·斯蒂芬就是一名举重运动员。

一　体育项目

瑙鲁人最喜欢澳式橄榄球（Australian Rules Football），澳式橄榄球在瑙鲁是最受欢迎的体育项目。瑙鲁每年举办橄榄球高级联赛。瑙鲁国家队经常参加一些国际比赛。

澳式橄榄球又称澳式足球，是一种起源于澳大利亚维多利亚州墨尔本地区的球类运动。在风行澳式足球的地区，这种运动就被简称为"football"或"footy"。与其他足球规则不同，澳式足球每队含替补球员在内共有22人，比赛在球场或差不多大小的草地球场上进行，球场和场地比其他足球场大。这种比赛和其他球赛相较，最大的特色是速度快以及球的移动自由度大。

澳式橄榄球在瑙鲁的发展可以追溯到20世纪30年代，它与举重一起成为国家级的体育项目。澳式橄榄球在瑙鲁的全民参与率超过30%。橄榄球联赛是一项全国性比赛，由瑙鲁澳式橄榄球协会（NAFA）组织。20世纪30年代，澳式橄榄球在澳大利亚维多利亚的学校非常盛行。这些学童中有瑙鲁的首位总统德罗伯特。德罗伯特在完成学业离开澳大利亚回到瑙鲁后，在家乡推广这项运动。前瑙鲁总统马库斯·斯蒂芬也是当地一支球队的成员。在2006年，瑙鲁体育部部长终止了橄榄球系列比赛，因为有些球队和球员违反了橄榄球协会制定的比赛规则。参加瑙鲁澳式橄榄球高级联赛的运动员大约有180名，参加初级比赛的大约有500名球员。高级联赛由7支球队组成，另有5支替补球队（见表6—

1、表6-2)。连接椭圆体育场是举办比赛的重要场所，但是每周只能举行两场比赛。

表 6-1　瑙鲁澳式橄榄球高级联赛中的精英队

球队名称	队服颜色	代表区域
Menaida Tigers	黄色、黑色	艾沃区、布阿达区
Panzer Saints	红色、白色、黑色	梅南区
Blues	蓝色、白色	阿纳巴尔区、安鄂滩区、阿尼巴雷区、埃瓦区
Ubenited Power	白色、黑色	乌贝尼德(Ubenide)
Boe Lions	栗色、金色、蓝色	泊区
Aces		亚伦区
Supercats	蓝色、白色	伊朱布区

资料来源：Australian rules football in Naura，维基百科。

表 6-2　瑙鲁澳式橄榄球高级联赛中的替补球队

球队名称	队服颜色	代表区域
Eagles	—	梅南区
Ubenited Power	白色、黑色	乌贝尼德
Esso	黄色、黑色	艾沃区、布阿达区
Yaren Magpies	黑色、白色	亚伦区
Frigates	—	阿纳巴尔区

资料来源：Australian rules football in Naura，维基百科。

初级比赛包括三个不同的级别，分别是 15 岁以下、17 岁以下和 18 岁以下。

瑙鲁的澳式橄榄球锦标赛是一个年度比赛，观众最多的时候超过 3000 人。酋长队（the Chiefs）是瑙鲁橄榄球的国家队，代表瑙鲁参加各种国际性比赛。1995 年，瑙鲁酋长队首次参加了在澳大利亚举行的阿拉弗拉比赛，获得铜牌。2000 年，酋长队前往昆士兰参加首届网球运动杯橄榄球赛，与来自萨摩亚的队伍和来自澳大利亚的队伍进行竞争，酋长队赢得了两场比赛。2001 年，酋长队再次前往昆士兰进行比赛，赢得两场比赛，其中一场是赢了黄金海岸老男孩队（the Gold Coast Old Boys）。同年，酋长队在 2001 年阿拉弗拉橄榄球比赛中赢得金牌，击败日本国民阵线队。在 2002 年澳式橄榄球国际杯比赛中，酋长队排名第八。2005 年，因缺乏资金支持，瑙鲁酋长队退出国际杯比赛。2008 年，酋长队成功筹集到了参加国际杯比赛所需的资金。由于名额有限，队员进入酋长队竞争激烈，瑙鲁橄榄球协会对队员要求严格，鼓励队员形成一种团结向上的氛围。按照规定，只有年龄在 23 岁以下且没有受到过处罚的球员，才能代表瑙鲁参加国际杯比赛。为了在国际比赛和地区比赛中取得比较好的名次，每次正式比赛前，酋长队的一些成员会被派遣到澳大利亚维多利亚俱乐部接受训练，以提升技能。酋长队队员在 2008 年比赛中表现突出，击败巴布亚新几内亚队，最终获得第 5 名的好成绩。2011 年，国家队获得第 6 名的好成绩。2014年，获得第 7 名的成绩。

瑙鲁橄榄球比赛的主要赞助商是堪佩里集团、瑙鲁航空、M集团、艾沃酒店、梅南酒店等。在锦标赛中获胜的球队可以享受瑙鲁航空提供的飞往澳大利亚的免费服务。

二　体育设施

连接椭圆体育场（Linkbelt Oval Stadium）　这是瑙鲁的一个重要的体育场馆。它位于艾沃区，由瑙鲁磷酸盐公司修建。它也被称为艾达（Aida）椭圆体育场，因为艾达是瑙鲁的体育组织，经常在这里举行培训和比赛。体育场内的比赛场地表面由磷酸盐矿石混合灰土铺成，没有草皮。

由于体育场建成时间已久，设施陈旧，再加上场地表面不平整，不符合国际大型比赛的要求。这里主要举办国内的澳式橄榄球比赛和足球比赛。体育场设有瑙鲁澳式橄榄球协会办公室，负责组织澳式橄榄球锦标赛。体育场观众人数的最高纪录是 3000 人，是在 1999 年体育场举办澳式橄榄球冠军总决赛期间创造的。在重要的比赛期间，体育场会搭建一个临时看台。

梅南体育场（Menen Stadium） 原是瑙鲁重要的国家体育场，位于梅南区。该体育场是一个大型的运动场，经过瑙鲁政府和澳大利亚政府协商，该体育场转为澳大利亚瑙鲁难民处理中心收容区。目前，在难民处理中心，仅有一个小足球场。

三 国际比赛

瑙鲁是国际奥林匹克委员会成员。1996 年，瑙鲁参加了亚特兰大夏季奥运会，这是瑙鲁首次参加夏季奥运会。随后，瑙鲁参加了 2000 年悉尼奥运会、2004 年雅典奥运会、2008 年北京奥运会、2012 年伦敦奥运会、2016 年里约奥运会。瑙鲁主要以举重项目闻名。在 2012 年之前，有 7 名举重运动员在奥运会赛场上为瑙鲁的荣誉进行征战。

瑙鲁的奥运会成绩与维森·德特那摩（Vinson Detenamo）的努力分不开。20 世纪 90 年代初，他就开始组织瑙鲁开展奥林匹克运动。1991 年，瑙鲁成立了奥林匹克委员会，维森·德特那摩当选奥林匹克委员会主席，同年开始与国际奥林匹克委员会进行联系。1994 年 5 月，瑙鲁提出了加入国际奥委会的申请。1994 年

9月，瑙鲁被国际奥委会大家庭接受。1996年，瑙鲁开始参加奥运会。但是，这并不是瑙鲁运动员第一次参加奥运会的比赛。早在1990年，瑙鲁参加了英联邦运动会，获得轰动性的举重比赛成绩。瑙鲁举重运动员马库斯·斯蒂芬向萨摩亚申请公民权，并参加了1992年巴塞罗那奥运会。在1996年和2000年，斯蒂芬两次代表瑙鲁参加奥运会。他在2000年奥运会62公斤级的比赛中排第11位。2009年，他取代了维森·德特那摩，当选瑙鲁奥林匹克委员会主席。[①] 截至2016年，瑙鲁尚未在奥运会比赛中获得过奖牌。

保罗·科法（Paul Coffa）是大洋洲举重联盟的举重教练，自1994年以来，他一直是瑙鲁的举重教练。1996年至2016年，瑙鲁参加夏季奥运会的运动员人数分别为3人、2人、3人、1人、2人、2人。莎娃（Sheeva Peo）是瑙鲁首位参加奥运会的女性运动员，她出生于1976年，参加了2000年悉尼奥运会举重比赛，排第10位。

2012年，瑙鲁还派出了运动员参加柔道比赛，这是瑙鲁第一次派出运动员参加该项赛事。多瓦波波（Sled Dowabobo）出生于1983年，身高174厘米，参加了73公斤级柔道比赛，很遗憾在第一局比赛中失利，没能够继续比赛。

第三节　新闻出版

瑙鲁宪法规定，瑙鲁公民享有言论自由，但是在现实生活中得

---

① http://www.radioaustralia.net.au/news/stories/200901/s2474349.htm.

不到保障。特别是澳大利亚瑙鲁难民处理中心被曝严重侵犯人权以后，瑙鲁政府加强了对国外记者采访的限制。瑙鲁没有公开出版的日报，国民获取新闻主要依赖广播和电视。

一 言论政策

瑙鲁宪法规定，瑙鲁公民享有言论自由，但是在现实生活中得不到保障。公民访问互联网受到一定程度的限制。同样社会媒体的采访自由也受到阻碍。自 2014 年起，瑙鲁政府对外国记者进入该国收取高昂的签证费，将一次入境签证的费用提高到 7000 美元后，新闻自由受到限制。在瑙鲁，公民获取外部信息的机会有限，只有国家媒体的资源可用。2014 年 5 月，三名瑙鲁议员在参加国际媒体对瑙鲁的批评性访谈后，被暂停议员资格。根据法律，政府会对三人或三人以上的集会予以严厉处罚。在瑙鲁，新闻自由、言论自由和信息自由都受到一定程度的制约。因新闻出版业务较少，瑙鲁没有信息自由法和国家媒体自我监管机构。

瑙鲁媒体局是唯一的媒体组织机构，负责提供广播和电视节目。广播节目在瑙鲁各地可以随时收听，但只有一半的岛屿可以接收到电视节目信号。大多数广播内容是转播外国的节目，也有地方制作的各种节目。由于瑙鲁媒体局是政府机构，政府希望他们多编辑制作反映当地社会生活的节目。

外国记者进入瑙鲁的签证费用提高后，国际上对瑙鲁的批评之声不断。澳大利亚反对党领袖比尔·肖顿（Bill Shorten）认为，瑙鲁正在"采取多种方式抵制外国媒体对瑙鲁新闻的报道，可能是一项旨在阻止记者报道澳大利亚瑙鲁难民处理中心的措施"①。然而，瑙鲁政府表示，提高签证费用的目的只是为岛国增加更多的收入，而不是阻止媒体报道。

自由之家（Freedom House）② 是一个国际性的非政府组织，该组织对各国的新闻媒体进行分类，2002 年至 2013 年将瑙鲁媒体归为"自由"类，2014 年将瑙鲁媒体降级为"部分自由"。2015 年，瑙鲁媒体被评为"部分自由"③。报告称，瑙鲁总统巴伦·瓦卡禁止媒体对澳大利亚和瑙鲁之间达成的"太平洋解决方案"进行批评。2013 年 8 月，政府对瑙鲁难民处理中心发生的骚乱进行有限制的报道④，巴伦·瓦卡对媒体进行了审查，使得外界很少了解瑙鲁社会取得的进展。

二 报纸

瑙鲁的出版仅限于国有报纸，政府与大型国际出版商的互动主要是在教育方面，牛津大学出版社、剑桥大学出版社和麦克米伦公司在澳大利亚设有分公司，直接或间接向瑙鲁的学校提供教科书。截至 2016 年，国际组织报告中没有关于瑙鲁出版情况的统计数据。

《瑙鲁公报》（*Nauru Bulletin*） 通过该报瑙鲁公众可随时获取政府信息。政府新闻办公室（Government Information Office）通过《瑙鲁公报》发布关于政府活动的日常信息，包括就业机会、政府实施的发展举措以及与其他发展伙伴或捐助者合作举办的会议

---

① https：//www. theguardian. com/world/2014/jan/09/nauru - visa - to - cost - 8000.

② 自由之家接受了美国政府的资助，在一定程度上受到美国的影响。

③ http：//www. freedomhouse. org/report/freedom - press/2013/nauru.

④ http：//www. smh. com. au/federal - politics/federal - election - 2013/nauru - tv - censored - over - asylum - seeker - deal - 20130806 - 2rck3. html.

等，这些信息由政府高级官员提供。《瑙鲁公报》为双周出版，读者可以从网络上查阅其电子版，网址为 http：//www. naurugov. nr/government-information-office/nauru – bulletin. aspx，《瑙鲁公报》主要通过电子邮件进行推送，另外推特账户也将其内容同步更新。

《瑙鲁纪事报》（*Nauru Chronicle*） 每两周出版一次。报道内容主要是总统的活动及国内大事，比较简单。每份价格 1. 25 澳元。

《中央星报》（*Central Star News*） 每两周出版一次。

Mwinen Ko "*Mwinen Ko*" 是瑙鲁语，意思是"来谈论吧"，2010 年创刊，属于社区报纸，每月出版一期。

三 电视、广播

1. 电视

瑙鲁电视台（NTV）成立于 1991 年 5 月 31 日，是瑙鲁政府拥有的非商业性电视台。它由瑙鲁广播公司管理，受瑙鲁媒体局监督。最初，电视台每天播放 5 小时的节目，用户缴纳电视信号接收费用。2016 年，瑙鲁电视台每天 24 小时播放节目，不向用户收取任何费用，完全由政府资助。瑙鲁政府要求电视台播放的节目能够"促进瑙鲁的文化、教育、社区发展，培养儿童的社会兴趣"，节目类型包括新闻、时事、纪录片、体育节目、成人和儿童喜剧、戏剧、健康节目、教育节目等。同时，要求节目要涵盖当地和国际新闻以及国家主要的体育和社会活动。由于瑙鲁经济不断恶化，财政收入有限，瑙鲁电视台接入澳大利亚广播公司节目，因而每天只有半小时的新闻节目由瑙鲁电视台编辑制作。瑙鲁电视台缺乏制作节目的相机、录像机及相应的设备，因而制作的节目质量一般。

2. 广播

瑙鲁广播公司是瑙鲁国有非商业广播服务公司，成立于 1968 年。瑙鲁独立后，即宣告成立广播公司，由国家统计局负责运营。① 21 世纪初，瑙鲁在经济困难的情况下，国家统计局没有再继续制作本地广播节目，而是从英国广播公司、澳大利亚广播公司、新西兰电视台转播节目。瑙鲁电台的广播信号太弱，用户在瑙鲁岛接收信号有时也不清晰。在澳大利亚国际开发署的协助下，国家统计局对广播信号进行了提升。2000 年后，开始制作在全岛广播的本地节目。② 瑙鲁广播公司既播放瑙鲁语节目，也播放英语节目。

四　互联网

瑙鲁共和国互联网的域名是 . nr，网络是通过卫星进行连结的，价格昂贵，但速度较快。Cenpac 网络公司（Cenpac Net Inc.）成立于 1998 年，是瑙鲁的互联网服务提供商。该公司为全国各地的个人和企业客户提供互联网接入服务，甚至向偏远地区的客户提供网络服务。此外，该公司还提供注册新域名或使用 Cenpac 的网络进行收发邮件的服务。③

瑙鲁政府网提供关于瑙鲁发展动态的新闻，网址是 http：//www. naurugov. nr/。2015 年 5 月，瑙鲁政府关闭了 Facebook 的访问。④

---

① http：//www. bbc. co. uk/news/world – asia – pacific – 15433616.

② http：//www. theaustralian. com. au/business/media/nauru – makes – media – network – from – scratch/story – e6frg996 – 1225830274890.

③ http：//www. satproviders. com/en/o/Cenpac – Net – Inc – services.

④ http：//www. independent. co. uk/news/world/australasia/facebook – has – been – banned – by – the – government – in – the – republic – of – nauru – 10231165. html.

第四节　手工艺、音乐与舞蹈

在西方文化的影响下，瑙鲁传统手工艺、音乐和舞蹈被保留下来的很少。当今，只有在特殊场合，当地原住民才演唱传统歌曲，表演传统舞蹈。

一　手工艺

瑙鲁人用椰壳纤维制作纤维扇子，用螺旋树木制成一些木板。他们也会在制作的过程中使用一些图案。这种制作工艺品的方式，与印度尼西亚的文化有异曲同工之妙。同时，手艺人也会用椰木制作些手工艺品。瑙鲁人传统手工制作的工艺品主要有贝壳装饰品、草帽、扇子、垫子、篮子等。

二　音乐、舞蹈

瑙鲁传统音乐和舞蹈是瑙鲁文化的重要组成部分。当代瑙鲁音乐和舞蹈融合了西方文化的元素。德国占领瑙鲁以后，禁止瑙鲁人演唱传统音乐和进行传统舞蹈表演。

瑙鲁电台经常播放传统音乐，但是即使年龄较大的瑙鲁人也很少了解这些音乐的内容，传统文化迅速让位于传播进来的西方文化。这种现象在太平洋岛国普遍存在，只有在密克罗尼西亚群岛的少数地区，传统音乐和舞蹈才被保留下来。音乐和舞蹈仍然是瑙鲁岛上最受欢迎的艺术形式。通常情况下，只有在节日庆典之时，人们才会唱起富有旋律的传统歌曲，跳起传统的圆之舞。

三　非物质文化遗产保护

2012 年，联合国教科文组织向瑙鲁政府提出了加入《非物质文化遗产公约》和制定一项保护非物质文化遗产战略的建议。在收到条约问题工作组的建议后，内阁经过讨论决定加入《非物质文化遗产公约》。2013 年 3 月，联合国教科文组织收到瑙鲁总统签署的批准书，瑙鲁成为《非物质文化遗产公约》的缔约方。在保护文化和传统知识方面，瑙鲁设立了社区文化资源统计人员和老年人委员会；与瑙鲁中学和青年事务部制定了文化研究计划；2011年 5 月，在教科文组织的支持和帮助下，举办了关于保护瑙鲁非物质文化遗产问题的研讨会；非物质文化遗产计划获得了欧盟的资助。

2015 年 1 月 19 日至 23 日，世界遗产中心为瑙鲁政府官员、社区代表、非政府组织和民间社会代表举办了一个世界遗产问题培训班，旨在为有关各方提供协商机会，讨论保护瑙鲁世界遗产、提高瑙鲁当局和各方在执行 1972 年《世界遗产公约》方面的能力、确保世界遗产作为旅游业可持续发展战略的一部分。与会者还讨论了瑙鲁悬而未决的文化遗产和自然遗产的确认和保护问题，向国际社会介绍了瑙鲁保护世界遗产的战略和行动计划。培训班得到了日本信托基金项目"开展能力建设以支持保护世界遗产和加强小岛屿发展中国家地方社区的可持续发展"的支持。

第七章

外　交

瑙鲁奉行不结盟政策，反对霸权主义扩张，主张同各国人民发展友好关系。瑙鲁是联合国、英联邦等国际组织成员国，截至2016年瑙鲁已与60多个国家和地区建立外交关系。瑙鲁一直与澳大利亚、新西兰、英国关系密切。瑙鲁的外交政策和外交活动以实现瑙鲁经济社会可持续发展为中心，以获取国际组织和外国的援助为目的，具有小国外交的典型特征。

第一节　外交概况

一　外交简史

瑙鲁独立以后，对外交往主要体现在两个方面，一是与国际组织的交往，二是与其他国家和地区的交往。

1968年独立后，瑙鲁以特别成员身份加入了英联邦，于2000年成为英联邦正式成员。此外，瑙鲁在1993年加入亚洲开发银行，在1999年加入联合国。瑙鲁是太平洋岛国论坛、南太平洋地区环境计划署、南太平洋委员会和南太平洋应用地球科学委员会的成员。

独立以来，瑙鲁与一系列国家和地区建立了外交关系。1968

年，瑙鲁与日本建立外交关系。1976 年，瑙鲁与美国建立外交关系。1979 年 8 月 20 日，瑙鲁与韩国建立外交关系。

1981 年 8 月 12 日，瑙鲁承认阿拉伯撒哈拉民主共和国（即西撒哈拉）。2000 年 9 月 15 日，瑙鲁撤回对阿拉伯撒哈拉民主共和国的承认。

2002 年 7 月 21 日，瑙鲁与中华人民共和国建立外交关系，同时获得中国政府提供的 1.3 亿美元援助。2005 年 5 月 14 日，瑙鲁与台湾方面恢复"外交"关系。5 月 31 日，中华人民共和国宣布与瑙鲁断交。

2005 年 1 月，瑙鲁与泰国正式建立外交关系，并在曼谷设立总领事馆。

2008 年，瑙鲁承认科索沃是一个"独立的国家"。2009 年，瑙鲁承认阿布哈兹和南奥塞梯为两个"独立的国家"。

因经费短缺，瑙鲁近年来关闭了部分驻外机构。目前，瑙鲁在墨尔本设有总领事馆，在斐济苏瓦设有高级专员署，在纽约设有总领事办公室，办理签证业务。瑙鲁近年来的外交重点主要放在争取取消制裁和寻求外援上。由于澳大利亚在瑙鲁临时安置非法移民，澳大利亚对瑙鲁的援助有所增加。澳大利亚在瑙鲁派有总领事，办理签证业务。

二 外交政策

特殊的地理位置、遭受西方殖民的历史、有限的自然资源以及岛国的文化传统，都对当代瑙鲁外交政策的制定有所影响。瑙鲁的外交政策主要体现在以下几个方面。

一是在奉行不结盟政策的前提下，积极发展与世界各国和地区的友好合作关系。瑙鲁独立以来，与世界上的多个国家和地区建立了外交关系。在国家富裕时期，瑙鲁经常在国内外举办大型外交活动。尽管当前国家财政吃紧，瑙鲁在澳大利亚、印度、新西兰、美国、英国、斐济、萨摩亚等国家和地区设立了使馆、领事馆或办事处。瑙鲁与中国台湾有"邦交"关系，在台北设有"使馆"。

二是重视与英联邦国家的关系。自第一次世界大战之后，瑙鲁与英国、澳大利亚、新西兰有了重要联系，接受三国的委任统治。虽然在第二次世界大战期间被日本短暂占领，总体而言，英国的政治、经济、文化框架深深地影响了瑙鲁独立后的走向。因此，瑙鲁独立之初就宣布加入英联邦，成为英联邦的特别成员国，参加英联邦部长级会议和其他官方或非官方会议，享有英联邦成员国的全部权益，但不参加英联邦首脑会议。2000 年，成为英联邦正式成员国。

三是重视发展与周边国家的关系，特别是在环境、海洋等问题上，与太平洋地区的岛国"抱团取暖"，一致发声，表达诉求。瑙鲁是太平洋岛国论坛和太平洋共同体的成员国，是《瑙鲁协定》的重要参与国。瑙鲁重视维护与澳大利亚、新西兰的关系。尽管他们之间也会有矛盾，但是他们之间的利益关系已经紧紧地捆绑在了一起。

四是坚持走和平发展道路，但决不放弃自己的正当权益，决不牺牲国家核心利益。瑙鲁于 1986 年 7 月签署了《南太平洋无核区条约》。为抗议法国在南太平洋地区进行核试验，瑙鲁政府宣布自 1995 年 9 月 6 日起终止与法国的外交关系。在与美国关于在南太平洋地区的捕鱼许可费谈判问题上，瑙鲁立场坚定。

五是在对外交往中，坚持合作共赢的理念。当前国家间关系日益密切，各类全球性问题日益突出，任何国家都不可能独善其身，而只能携手合作，共同寻找各类全球性问题的解决办法。在国家治理、资源开发、环境改善以及社会进步等方面，瑙鲁不断加强与各国和地区、国际组织、非政府组织的合作，通过互利合作，实现互利共赢。1993 年初，瑙鲁加入了亚洲开发银行。1999 年 9 月，瑙鲁加入联合国。特别是 21 世纪以来，瑙鲁加强了与国际组织的联系。2016 年，瑙鲁申请加入世界银行，以期获得世界银行的支持。世界银行国际开发协会（IDA）为最贫困国家提供低息贷款或赠款。IDA 资助了多个太平洋岛国招聘和培训教师，为孕妇提供产前保健，改善了用水服务，修建道路，还帮助发展中国家制定有利于促进包容性经济增长、吸引私营部门投资和发展教育卫生事业的政策。

六是以利益为中心，以获取援助为目的。瑙鲁利用联合国成员国地位，通过改变立场，获取外国和地区援助。在中国台湾当局和中国大陆之间出现政策摇摆，以获取经济援助。2009 年，瑙鲁承认阿布哈兹和南奥塞梯"独立"。因与俄罗斯立场一致，俄罗斯给予瑙鲁 5000 万美元的"人道主义"援助。

瑙鲁的外交政策很典型地体现了小国的外交特点，这种外交政策只能在短时间内达到目的，不利于实现中长期发展目标以及联合国 2030 年可持续发展目标。

三 驻瑙鲁的外交机构

在瑙鲁的外交机构主要有两个，一个是澳大利亚设立的高级委员会，另一个是中国台湾当局设立的驻地"大使馆"。还有一些国家与瑙鲁建立了外交关系，但是并没有在瑙鲁设立驻地大使馆，由该国设在其他国家的使馆负责处理与瑙鲁的相关事务。

比利时、巴西、加拿大、丹麦、芬兰、德国、意大利、荷兰、菲律宾、俄罗斯、南非等国家驻澳大利亚堪培拉的大使馆负责处理与瑙鲁之间的外交事务。

法国、印度、日本、韩国、马来西亚、英国、美国、新西兰等国家驻斐济苏瓦的大使馆负责处理与瑙鲁之间的外交事务。

莱索托、哥伦比亚驻日本东京大使馆、捷克共和国驻菲律宾马尼拉大使馆、爱尔兰驻美国纽约大使馆等负责处理与瑙鲁有关的事务。

四 瑙鲁驻外机构

瑙鲁富有时期，政府职员达到了 1600 人，在国外派驻有众多机构。随着国内经济的不景气，驻外人员不断缩减。瑙鲁在中国台湾设有驻地"大使馆"，在泰国曼谷和澳大利亚布里斯班设有总领事馆，在斐济苏瓦设有高级专员署。另外，瑙鲁在关岛（美）阿加纳、新西兰奥克兰、英国伦敦、美国檀香山、美属萨摩亚帕果帕果和印度新德里等地设有名誉领事馆。

第二节 与国际组织的关系

瑙鲁已将加入国际组织作为拓展外交关系的重要一环。通过国际组织提供的赠款和帮助，瑙鲁可以推动中长期发展目标的实现，进而促进国内政治稳定、社会发展以及各项发展目标的落实。

一 与全球性国际组织的关系

瑙鲁是联合国、世界银行、联合国粮食及农业组织、77 国集团、国际民用航空组织、国际奥林匹克委员会、万国邮政联盟和国际电信联盟等国际组织的成员。国际组织的援助为瑙鲁发展和社会进步提供了很大帮助。

（一）联合国是瑙鲁表达诉求的重要场所

1999 年 9 月 15 日，联合国安理会 1249 号决议（1999）同意瑙鲁共和国加入联合国，瑙鲁成为联合国第 187 个成员。

瑙鲁与联合国的联系始于二战时期。二战之后，联合国委托澳大利亚、英国及新西兰共同管理瑙鲁。瑙鲁在联合国的工作重点在于表达诉求，如应对全球气候变暖和海平面升高、反对核试验、获取援助、打击国际恐怖主义等。瑙鲁格外关注环境与气候问题，2012 年 9 月，瑙鲁总统斯普伦特·达布维多（Sprent Dabwido）首次向联合国大会致信。他代表瑙鲁敦促联合国认真应对气候变化问题。

瑙鲁积极加入联合国公约，积极参加联合国举办的活动，向联合国各委员会定期递交报告，接受联合国的审查。

瑙鲁加入了联合国一系列国际公约，如《儿童权利公约》、《儿童权利公约关于买卖儿童、儿童卖淫和儿童色情制品问题的任择议定书》、《儿童权利公约关于儿童卷入武装冲突问题的任择议定书》、《保护所有人免遭强迫失踪国际公约》、《公民及政治权利公约》、《残疾人权利公约》、《消除对妇女一切形式歧视公约》、《消除种族歧视公约》、《禁止酷刑公约》、《移徙工人权利公约》、《经社文权利公约》等。2011 年 6 月，瑙鲁正式成为《联合国难民公约》（简称《难民公约》）的签署国家。

2016 年 5 月 16 日，由联合国举办的首届"世界人道主义峰会"在土耳其伊斯坦布尔召开。太平洋地区的 200 多个人道援助伙伴机构参加此次会议，重点讨论应对自然灾害和气候变化的经验。瑙鲁与同处南太平洋地区的斐济、图瓦卢、库克群岛和瓦努阿图等都派遣由政府首脑组成的高级代表团参加会议。峰会为太平洋岛国提供了一个珍贵的机会，参加峰会的 6000 多名各国代表，重塑可以挽救无数人生命的世界人道主义援助系统。而太平洋岛国的积极参与，凸显了应对自然灾害和灾害后的恢复建设能力等问题对这些国家的重要性。太平洋岛国在建立灾害防御和应对新方案、最大化建设当地应对灾害能力和优先建设长期恢复能力等方面正在发挥着领导作用。同时，太平洋岛国的参会代表还积极参加峰会中一系列的圆桌会议、特别会议和周边活动，展示这些国家在灾害恢复建设方面的创新方法。

2015 年 5 月，瑙鲁政府接待了联合国防止酷刑小组委员会对瑙鲁的访问。联合国防止酷刑小组委员会访问的重点是，考察岛上寻求庇护人员和被拘留者的处境，以及设立一个独立机构以监测拘留场所的必要性。在为期三天的访问中，联合国防止酷刑小组委员会考察了瑙鲁警察局和监狱以及瑙鲁难民处理中心。此外，联合国防止酷刑小组委员会还参观了瑙鲁惩教署。

（二）全球性国际组织为瑙鲁提供了共享人类成果的机遇

参加全球性和区域性国际组织为瑙鲁提供了更多的发展机遇。每个国际组织都是特定区域或特定问题的国际论坛，是一种常设的固定的国际会议形式，是联系、沟通各成员国的纽带和渠道。在成员国平等参与的国际议事机构中，各国代表可自由表达本国的立场观点，可充分讨论共同关心的国际问题，有利于国际社会形成某种世界舆论，有利于协调成员国的政策与行动。国际组织为瑙鲁开展各种层次的对话与合作提供场所，这种论坛也是多边外交的一种组织形态，为瑙鲁与其他成员国之间正式或非正式的交往、会谈提供了场所，有利于双边关系的发展和紧张局势的缓解。国际组织有利于管理全球化所带来的国际社会公共问题，有助于在成员国之间分配经济发展的成果和收益。比如，瑙鲁可以从世界银行和亚洲开发银行获得优惠贷款，接受国际开发协会等组织提供的援助。同样，2015 年 11 月英联邦成立了气候资金获取中心，瑙鲁作为受气候影响的欠发达地区国家可以申请帮助。在一定意义上，公正、合理的国际经济新秩序能否建立，取决于现有国际组织分配职能的改进、完善和强化。瑙鲁在 2016 年积极加入世界银行，也是出于以上各方面的考虑。

澳大利亚和联合国粮食及农业组织向瑙鲁提供了资金援助，以改善瑙鲁国内粮食生产和农业部门的总体绩效。其中包括以下技术援助和合作：进行关于粮食种植方法的培训；提供促进家庭园艺活动的宣传资料。2015 年 6 月，国际组织为瑙鲁建造了水库反渗透设备，该设备每日生产的淡水大于瑙鲁的日常需要；协助政府修缮现有的海水淡化设备，以增加海水淡化量；改善水资源安全和存储。

2014 年 4 月，瑙鲁申请加入国际货币基金组织和世界银行。2016 年 4 月，瑙鲁成为国际货币基金组织成员以及世界银行的第 189 个成员。与许多太平洋岛国一样，在长时间内，瑙鲁面临着维持经济增长和确保可持续财政供给、贷款的挑战。通过加入世界银行，瑙鲁能够获得财政支持、技术支持和处理太平洋地区问题的专门经验。如在面临气候变化威胁和海平面上升的情况下，改善水和卫生设施，提升应对灾害风险的管理能力。通过与国际货币基金组织合作，瑙鲁获得管理政府财政和实施货币政策的经验，应对发展面临的一些挑战，并从参与全球经济合作中受益。[①]

有几个主要的国际组织瑙鲁并没有积极参加，因而备受世界各国关注。例如，瑙鲁是联合国公认的三个有海洋边界但不是国际海事组织成员的国家之一（密克罗尼西亚联邦和纽埃同样不是这一组织的成员）。同样，瑙鲁不是国际复兴开发银行的成员，联合国中仅有7个国家不是该组织的成员。瑙鲁也不是国际金融公司（International Finance Corporation）的成员，联合国中仅有12个国家参加该组织。瑙鲁不是国际开发协会的成员，也不是国际红十字会与红新月运动的成员。同大洋洲许多其他国家一样，瑙鲁不是国际刑警组织、国际水道测量组织的成员。

二 与区域性国际组织的关系

瑙鲁是非加太国家联盟、小岛屿国家联盟、亚洲开发银行、亚洲及太平洋经济社会委员会（亚太经社会）、太平洋岛国论坛、南太平洋应用地球科学委员会、太平洋区域环境方案、太平洋共同体等区域性组织的正式成员。通过各种多边组织进行区域合作是瑙鲁外交政策的一个关键要素。

1. 与太平洋岛国论坛的关系

太平洋岛国论坛前身为南太平洋论坛。1971年8月5~7日，新西兰、斐济、汤加、萨摩亚、瑙鲁、库克群岛和澳大利亚七国共同发起，在新西兰首都惠灵顿召开南太平洋七方会议，正式成立

[①] http：//timesofindia. indiatimes. com/business/international - business/Nauru - becomes - 189th - member - of - IMF - World - Bank/articleshow/51802324. cms.

"南太平洋论坛",并决定每年召开一次会议。1999年第30届南太平洋论坛首脑会议决定自第31届论坛会议起,将"南太平洋论坛"更名为"太平洋岛国论坛"。2000年10月,正式改称"太平洋岛国论坛"。2001年8月,第32届论坛首脑会议在瑙鲁举行,会议通过了关于地区自由贸易与经济合作安排的《太平洋紧密经济关系协定》(PACER)和《太平洋岛国自由贸易协定》(PICTA)。宗旨是加强论坛成员间在贸易、经济发展、航空、海运、电信、能源、旅游、教育等领域及其他成员共同关心问题上的合作和协调。21世纪以来,论坛加强了在政治、安全等领域的对外政策协调与区域合作。截至2016年,太平洋岛国论坛已经召开47届首脑会议。自1989年起,中国参加太平洋岛国论坛会后对话会。截至2016年,太平洋岛国论坛有16个成员、3个联系成员、12个特别观察员。

1972年,太平洋岛国论坛建立常设机构——南太经济合作局(SPEC),1988年改称南太论坛秘书处,下设政治、国际和法律事务司、贸易和投资司、发展和经济政策司、协同服务司。论坛秘书处设在斐济首都苏瓦(网址为:http://www.forumsec.org.fj)。秘书处定期编制出版物,有《秘书处年度报告》(*Pacific Islands Forum Secretariat Annual Report*)、《论坛述评》(*Forum Review*)(月刊),均为英文。论坛秘书处总部共有约120名官员和职工,在悉尼、奥克兰设有贸易专员署,在东京设有太平洋岛屿中心。2002年在北京设立驻华贸易代表处(2012年更名为"太平洋岛国贸易与投资专员署"),2003年底在日内瓦设立驻世界贸易组织代表处。

秘书处财政预算由澳大利亚和新西兰各支付1/3,其余部分由其他岛国成员分摊。向秘书处提供捐助的国家、地区和组织有:中国、澳大利亚、加拿大、欧洲联盟、法国、法属波利尼西亚、德国、日本、韩国、马来西亚、新西兰、菲律宾、英国、联合国开发计划署、中国台湾。秘书处和 8 个相对独立的机构组成太平洋地区组织理事会（CROP），由论坛秘书长担任主席。这 8 个组织为：论坛渔业局（FFA）、斐济医学院（FSchM）、太平洋岛屿发展署（PIDP）、太平洋电能协会（PPA）、太平洋区域环境规划署（SPREP）、太平洋共同体秘书处（SPC）、南太平洋旅游组织（SPTO）、南太平洋大学（USP）。

太平洋岛国贸易与投资专员署 2002 年 9 月正式在北京开馆，前称"太平洋岛国论坛驻华贸易代表处"，2012 年 3 月更为现名。宗旨是"为太平洋岛国和中国创造更多机会"，主要工作是促进太平洋岛国与中国之间的贸易、投资和旅游合作。现任贸易专员是大卫·莫里斯（David Morris，澳大利亚人），2015 年 5 月就任。专员署地址：北京市朝阳区塔园外交人员公寓 5 号楼 1 单元 3 层 1 号。电话：010 - 65326622。电子邮箱：answers@pifto.org.cn。网址：http://www.pifto.org.cn。

太平洋岛国论坛是南太平洋地区的重要议事和政策决策机构。瑙鲁积极参加太平洋岛国论坛，通过论坛加强与成员国及论坛会后对话会国家（地区）的联系，获取外国援助。太平洋岛国论坛可以协助瑙鲁政府招聘教师和工人，与国际组织加强合作，促进国内基础设施建设，实现国内经济可持续发展计划的落实。

2. 与太平洋共同体的关系

1947 年 2 月 6 日，在南太平洋地区有属地和托管地的美国、英国、法国、澳大利亚、新西兰和荷兰 6 国政府签署了《堪培拉协议》，宣布成立南太平洋委员会（South Pacific Commission, SPC），总部设在新喀里多尼亚首府努美阿。其宗旨是促进南太平

洋各国（地区）的经济发展、社会福利和进步，与其他国际组织
合作，向南太平洋岛国提供经济和技术援助。瑙鲁于 1969 年加入
南太平洋委员会。1998 年 1 月 1 日，南太平洋委员会更名为太平
洋共同体（Pacific Community, PC），1974 年之前，只有美国、英
国、法国、澳大利亚、新西兰、西萨摩亚、斐济、巴布亚新几内
亚、库克群岛、所罗门群岛、瑙鲁、图瓦卢和纽埃 13 个政府成员
代表有选举权。在 1983 年第 23 届南太平洋委员会会议上，根据澳
大利亚的提议，规定现有的 27 个成员都有选举权。该委员会活动
范围内有 500 多万人口。

太平洋共同体 27 个成员是：美国、法国、澳大利亚、新西兰、
英国、汤加、萨摩亚、瑙鲁、斐济、巴布亚新几内亚、所罗门群
岛、图瓦卢、基里巴斯、瓦努阿图、马绍尔群岛、密克罗尼西亚、
美属萨摩亚、关岛（美）、法属波利尼西亚、新喀里多尼亚、瓦利
斯和富图纳群岛、库克群岛、纽埃、托克劳（新）、皮特凯恩、北
马里亚纳自由联邦和帕劳。

太平洋共同体为瑙鲁的教育、人权和社会保障等问题的解决提
供了重要支持。例如，2014 年太平洋共同体区域权利与资源小组
(Pacific Community's Regional Rights Resources Team) 对瑙鲁的家庭
暴力问题进行了调研，认为 48% 的妇女承认经受过一次以上的家
庭暴力，区域权利与资源小组与瑙鲁政府合作，制定了《家庭暴
力和家庭保护法案》（Domestic Violence and Family Protection Bill），
最终获得议会的通过。①

---

① SPC Welcomes Nauru's Domestic Violence and Family Protection Bill，http：//www. spc. int/
blog/spc‐welcomes‐naurus‐domestic‐violence‐and‐family‐protection‐bill/.

太平洋共同体与每一个太平洋岛国制订了国家发展计划（Country Programme Plan），瑙鲁也不例外。2016 年度瑙鲁 - 太平洋共同体国家发展计划（Nauru - SPC Country Programme Plan），主要包括教育和质量评估项目，性别、人权和文化项目，能源服务项目，渔业、水产养殖和生态保护项目，发展统计项目。发展计划每半年进行一次评测，根据太平洋共同体的发展报告，渔业、水产养殖和生态保护项目已经在 2016 年 6 月提前完成。① 2016 年，太平洋共同体还在瑙鲁开展应对水资源短缺计划项目。从发展计划可以看出，太平洋共同体对促进瑙鲁经济、社会、文化发展发挥了重要作用。

3. 与《瑙鲁协定》的关系

《有关具有共同利益的渔业管理合作的瑙鲁协定》（Nauru Agreement Concerning Cooperation in the Management of Fisheries of Common Interest）通常简称《瑙鲁协定》，由瑙鲁与巴布亚新几内亚、所罗门群岛、帕劳、密克罗尼西亚、基里巴斯、图瓦卢和马绍尔群岛 8 个太平洋岛国于 1982 年 2 月 11 日签订。这些国家的金枪鱼供应量占世界总供应量的 25%。《瑙鲁协定》成员国宣布，从 2011 年 1 月 1 日起，为了更好地保护自然环境，确保渔业的可持续发展，将停止为围网渔船发放远洋区域捕捞许可证。《瑙鲁协定》成员国将对每艘渔船停止远洋围网捕捞情况进行监督。成员国的各项决策都是为保证各成员国获取更大的经济利益，以及确保中西太平洋海域渔业发展的可持续性。

---

① Country Programme Plan for Nauru（June 2016 update），http：//www. spc. int/our - members/nauru/.

2015 年 3 月 22 日,《瑙鲁协定》成员国在密克罗尼西亚雅浦州召开年会,就八个成员国的渔业发展进行讨论,强调要加强管理,将在成员国海域实现渔业经济可持续发展作为成员国决策的指导性原则。会议达成一系列共识:于 2016 年启动集鱼装置的注册和跟踪工作,自 2016 年 1 月 1 日起开始对远洋渔业国家船只的集鱼装置按天向每条捕捞船征收费用;在《瑙鲁协定》八个成员国中的五个国家实行延绳钓船只的"船天计划",这五个国家分别为密克罗尼西亚、马绍尔群岛、瑙鲁、帕劳、所罗门群岛;将继续收紧非捕鱼天数。由于捕鱼许可费的提升,成员国的渔业总收入有了明显增加。

《瑙鲁协定》的执行对瑙鲁增加捕鱼许可费,弥补巨大的财政亏空,落实国家发展计划,改善公民的基本生活发挥了重要作用。从 2015 年瑙鲁财政收入报告可以看出,捕鱼许可费收入成为瑙鲁税收收入的重要组成部分。

4. 与亚洲开发银行的关系

亚洲开发银行(简称"亚行",Asian Development Bank,ADB)是一个致力于促进亚洲及太平洋地区发展中成员经济和社会发展的区域性政府间金融开发机构。自 1999 年以来,亚行特别强调扶贫为其首要战略目标。它不是联合国下属机构,但它是联合国亚洲及太平洋经济社会委员会赞助建立的机构,同联合国及其区域和专门机构有密切的联系。1993 年,瑙鲁加入亚洲开发银行。亚洲开发银行对瑙鲁的基础设施建设和减贫提供了很大的帮助。亚行认为,瑙鲁面临很多严重的发展挑战。该国几乎没有私营经济,可耕种的土地非常少,可用水源也相当有限,政府的财政收入有限,债务高垒。

亚洲开发银行宣布，2015～2017 年三年内投入 2.28 亿美元，用于瑙鲁和其他太平洋岛国能源项目建设，从而减少该地区对化石燃料的依赖，实现可持续与更加环保的发展。2010～2014 年，亚行在库克群岛、瑙鲁、萨摩亚和所罗门群岛建设了四个能源项目，援助方式包括提供贷款、无偿援助和技术支持，总金额达 2.97 亿美元。亚行通过升级路灯等方式帮助太平洋岛国提高能源利用效率，并将经济改革、教育、培训、管理等方面作为工作重点。2015 年，亚洲开发银行资助瑙鲁实施供水总计划。瑙鲁没有自然淡水水库，亚行提供的水库反渗透设备得到了适当维护，可提供最佳用水供应。

据亚行预计，2005 年至 2030 年，南太平洋地区的电力需求年均增长将达 7%，化石燃料作为电力生产的主体在 2030 年前很难得到改变，亚行将致力于帮助这些国家建立更加安全和可持续的能源体系。

第三节　与澳大利亚的关系

瑙鲁与澳大利亚保持着紧密联系，一方面是源于地缘政治因素，另一方面是澳大利亚对瑙鲁提供了援助，对瑙鲁政治、经济、社会发展都有重要影响。

一　政治方面

自第一次世界大战后至瑙鲁独立以前，无论是国联还是联合国都将瑙鲁置于澳大利亚、新西兰和英国的托管统治之下。在接受澳大利亚托管时期，瑙鲁是由澳大利亚总理办公室的领土支部来管理的。这个部门同时兼管新几内亚和巴布亚。澳方任命管理瑙鲁的第一任行政长官是一位名叫托马斯·格里菲斯的陆军准将，他曾在新几内亚托管地任军事长官。格里菲斯对瑙鲁的管理是较为成功的。上任伊始，他开始安抚瑙鲁人反对英国代理驻扎官乔治·史密斯的不满情绪。格里菲斯允许瑙鲁人经营他们自己的合作商店，并且同意增加开采磷酸盐矿的补偿费，由新成立的英国磷酸盐公司偿付。1926 年，他发起由瑙鲁 15 位酋长组成的代表团访问澳大利亚，这些人被任命为瑙鲁咨询委员会的成员。瑙鲁人认可格里菲斯的政策，瑙鲁的酋长和人民都希望澳大利亚政府和英国国王继续实施澳大利亚对瑙鲁的托管。因此，英国和新西兰同意延长澳大利亚对瑙鲁的托管。1927 年，格里菲斯离开瑙鲁后，澳大利亚对瑙鲁的管理转为实施强硬措施，引发了瑙鲁人的强烈不满。[①]

澳大利亚外交和贸易部负责推进澳大利亚与瑙鲁之间的关系，包括对瑙鲁的援助活动。澳大利亚外交和贸易部通过其位于瑙鲁的驻地机构，执行双边通信、多边合作以及政府间沟通交流工作，推动在外交关系、条约签订、开发项目和贸易往来上的合作。瑙鲁与澳大利亚的政治关系主要体现在以下几方面。

第一，澳大利亚和瑙鲁之间存在特殊的政府协议。根据协议，瑙鲁的终审法院是澳大利亚高等法院。自 1976 年以来，根据两国双边条约和各自议会的法令，经过瑙鲁最高法院判决的上诉案件可以申请到澳大利亚高等法院接受最终裁决。这种上诉案件很少，自协议签订后的 29 年内，只有两起上诉案件。1998 年和 1999 年澳大利亚高等法院接受了来自瑙鲁的两个上诉案件，案件是非常琐碎

---

① 汪诗明、王艳芬：《太平洋英联邦国家》，四川人民出版社，2005，第 170 页。

的小事。2001 年，澳大利亚法律改革委员会（ALRC）提出，没有感知到双方法律协议的"效用"，澳大利亚应该终止协议。2005年，澳大利亚高等法院收到了来自瑙鲁公民约哈尼（Ruhani）提起的上诉，上诉的主要内容是关于澳大利亚与瑙鲁之前签订的"太平洋解决方案"。澳大利亚在瑙鲁设立的难民处理中心是瑙鲁与澳大利亚政治协议的具体体现。尽管瑙鲁受到了国际社会的指责，但是瑙鲁并没有因此终止与澳大利亚的合作。

第二，澳大利亚对瑙鲁的行政管理提供了指导和帮助。瑙鲁经济崩溃以后，其财政规划和政策由澳大利亚协助制定和执行。澳大利亚还为瑙鲁司法人员提供各种司法培训。如，2015 年 5 月，澳大利亚联邦警察局为瑙鲁警察部队人员举办了一个性攻击急救员课程，以加强向遭受性暴力侵害的成人和儿童提供应对措施。接受课程培训的人员包括内政部官员、安全之家辅导员、儿童保护工作人员。瑙鲁还设立了一个受害者重点应对机制，由瑙鲁警察部队负责调查，内政部负责向受害者提供支持。

第三，因为瑙鲁没有本国军队，在非正式协议下，瑙鲁的国防由澳大利亚代为处理。根据 2005 年瑙鲁与澳大利亚签订的协议，在两国利益交换的条件下，双方之间的关系不断密切。澳大利亚在瑙鲁设立的高级委员会就是加强与瑙鲁政府沟通的重要政治渠道。

二 经济方面

瑙鲁与澳大利亚的经济联系非常密切。瑙鲁没有发行货币，澳元是瑙鲁通行的货币。澳大利亚经济形势变化会对瑙鲁产生直接影响。

第一，澳大利亚是瑙鲁进口商品的主要来源国以及出口商品的对象国。澳大利亚是瑙鲁的主要进口来源国，瑙鲁的日常用品和燃料、食品等物资，多从澳大利亚输入。澳大利亚布里斯班有直飞瑙鲁的航班，便利了双方之间的经贸往来。瑙鲁开采的次磷酸盐矿石主要销往澳大利亚。澳元是瑙鲁的通行货币，澳大利亚的经济状况直接影响了瑙鲁的社会经济发展。

第二，瑙鲁接受的外国援助主要来自澳大利亚。由于澳方在瑙鲁临时安置非法移民，澳方对瑙鲁的援助有所增加。2014～2015年，澳大利亚对瑙鲁的援助资金约占瑙鲁国内收入的15%。澳大利亚认为，支持一个经济稳定的瑙鲁，使其有能力并有效地管理其资源，并向其社区提供福利和劳动力就业机会，这符合澳大利亚的利益。对瑙鲁的援助活动，便于澳大利亚与瑙鲁开展更广泛的经济合作和外交合作，促进太平洋地区的繁荣和安全。2015～2016年，澳大利亚对瑙鲁的援助达2520万澳元；2016～2017年，澳大利亚对瑙鲁的援助金额估计有2550万澳元。2017～2018年，澳大利亚对瑙鲁的援助预算为2120万澳元。[①]

根据澳大利亚对外公布的信息，澳方对瑙方的援助计划主要集中在以下几个方面。

其一，促进公共部门更有效的管理计划。支持瑙鲁加强财政管理和经济治理，通过最大限度地利用现有收入，提升公共部门的管理水平。2016年，澳大利亚为瑙鲁征聘财政、海关、税务等部门的副职，澳方负责提供薪金。这些职位的人员负责制定与税收相关

---

① http：//dfat. gov. au/geo/nauru/development－assistance/pages/development－assistance－in－nauru. aspx.

的政策，包括海关收入、债务管理、财政管理和发展政策以及各部门之间的关系协调。澳大利亚还征聘税务顾问，以帮助瑙鲁制定和实施新的税收改革。澳大利亚致力于与瑙鲁政府进行发展合作，2016 年澳大利亚对瑙鲁的支持集中体现在协助瑙鲁建立稳定的财政和负责任的政府，促进人类发展和提升基础设施服务水平。

其二，提升基础设施服务水平计划。建设和维持支持瑙鲁公民发展和促进商业贸易需要的基础设施符合澳大利亚的战略利益。澳大利亚认为，投资于瑙鲁基础设施，能够促进瑙鲁经济增长和促进双边贸易。澳大利亚支持瑙鲁基础设施的建设，改善发电和供水设施，符合互惠互利的援助。

其三，生活水准提升计划。澳大利亚通过提高瑙鲁教育质量和初级保健服务水平，协助瑙鲁政府为居民提供更好的保健和教育服务。澳大利亚认为，一个健康和受过教育的国民对瑙鲁的经济增长和减贫至关重要。澳大利亚将支持瑙鲁降低肥胖、糖尿病和心血管疾病等非传染性疾病的发病率。

第三，澳大利亚是瑙鲁海外就业的重要目的地。澳大利亚向瑙鲁提供季节工人计划（Australia's Seasonal Worker Programme），由澳大利亚就业部牵头。此计划将瑙鲁等太平洋岛国的工人与澳大利亚雇主相联系。澳大利亚的农场经常出现熟练劳动力短缺现象，特别是在农村和边远地区。2015 ~ 2016 年，瑙鲁向昆士兰和维多利亚派遣了 17 名工人。

当然，瑙鲁和澳大利亚之间也有经济纠纷和争端。如，1989 年，瑙鲁向海牙国际法院起诉澳大利亚，要求澳方对在瑙独立前开采磷酸盐矿造成的生态破坏予以赔偿。1993 年，瑙澳达成庭外和解，澳同意赔偿瑙 1.07 亿澳元，其中 5700 万澳元通过支付现金建立信托基金，另 5000 万澳元分 20 年逐年拨付（每年 250 万澳元），用于双方商定的项目。再比如，澳大利亚将在瑙鲁设立的银行支行全部撤回，以免被国际社会指责协助瑙鲁进行洗钱活动。

三　社会与文化方面

澳大利亚是瑙鲁人赴海外接受医疗和教育的主要对象国。在双方关系方面，主要体现为澳大利亚对瑙鲁社会、文化的支持和援助。澳大利亚将改善瑙鲁教育现状作为一个优先事项。澳方认为，应该扩大瑙鲁受教育的人群，使他们能够担任政府、私人企业和国有企业的关键职位，能够提高该地区的就业水平，因而澳方大力改善瑙鲁学校教育水平，并设立高额奖学金。

2015～2016 年度，在澳大利亚的援助计划下，瑙鲁社会取得了一些进展。自 2013 年以来，小学入学率达到了 100%。新生儿结核病疫苗和乙型肝炎疫苗接种率实现了 100%。澳大利亚为瑙鲁成功地制定了第一个完善的税收制度，协助瑙鲁建立代际信托基金。为高中学生引入了昆士兰教育证书（QCE）考试制度。14 名学生从新英格兰大学毕业。通过提供基于性别暴力的问题专家，有效地解决了部分家庭暴力问题。帮助瑙鲁努力扩大妇女在行政领导方面的作用，同时将 6 名瑙鲁学生纳入社区大学进行教育。

当然，澳大利亚对瑙鲁的援助方案也在不断地发生变化。2017年以及未来一段时间侧重于满足瑙鲁更广泛的社区需要和改善瑙鲁公共部门管理，投资瑙鲁基础设施建设，支持公民发展。澳大利亚将努力加大投资，提高对重点部门（如卫生部和教育部）的支持，加强瑙鲁与澳大利亚之间的区域合作以及政府部门之间的协同。澳大利亚不再为瑙鲁公用事业部门的日常业务开支提供预算支持，而是将重点关注医院重建以及教育设施和其他重要基础设施的建设。

澳大利亚支持瑙鲁进行环境复兴，并同意对其提供援助支持。但是瑙鲁政府面对财政压力和诸多社会问题，迟迟没有采取措施。澳方曾派遣专家和技术人员前往瑙鲁协助修复，但是时间不长，专家和技术人员都离开了瑙鲁，他们认为"这是无用功"，一方面是因为瑙鲁政府工作效率比较低，另一方面是因为资金不到位，很多项目难以启动。另外环境复兴是一项耗资巨大并需要长时期投入的工程。

四　澳大利亚瑙鲁难民处理中心

澳大利亚瑙鲁难民处理中心（Nauru Regional Processing Centre，有时也用 Nauru Detention Centre）是澳大利亚在海外处理移民问题的机构之一，该中心建立于 2001 年。2008 年至 2012 年曾经关闭过一段时间，之后重新开放。该中心成为瑙鲁加强与澳大利亚关系的重要渠道。瑙鲁同意将前往澳大利亚寻求庇护的难民首先安排在该中心进行甄别，作为利益交换，澳大利亚通过经济援助等方式对瑙鲁进行补偿，支持瑙鲁经济发展。

2001 年，一艘挪威船从一艘搁浅的船上救了 438 名难民，然后驶往澳大利亚的港口。但是，这艘船被拒绝进入港口，并被澳大利亚军队检查。此事件被称为"坦帕事件"。这些难民最终登上了一艘澳大利亚军舰，并被送往了瑙鲁的难民处理中心，这后来成为霍华德政府的"太平洋解决方案"的一部分。瑙鲁则通过设立难民处理中心来换取澳大利亚的援助。

2001 年 12 月，瑙鲁与澳大利亚签署难民问题备忘录。澳方在瑙鲁建立难民处理中心，并向瑙鲁提供 1000 万澳元援助，用于教育、卫生、基础设施建设等领域。2002 年 12 月，澳、瑙签署难民问题第二期备忘录，澳向瑙提供 1450 万澳元援助。2004 年 3 月，澳瑙签署难民问题第三期备忘录，澳方在 2005 年向瑙提供 2250 万澳元援助，并向瑙方派出高级财政和警务官员，协助瑙方进行预算编制、财务审计和资产评估以及警务管理等工作。在此期间，一些难民被安置在瑙鲁。澳大利亚政府在 2006 年和 2007 年向瑙鲁又送来几批寻求庇护者。2008 年，因难民处境问题，国际组织和媒体对瑙鲁、澳大利亚政府提出了批评，瑙鲁难民处理中心被关闭。2012 年 8 月，澳大利亚政府制定了新的"太平洋解决方案"，难民处理中心被重新启用。2013 年 8 月 3 日，澳大利亚与瑙鲁签署了一项关于难民问题的协议，所有从瑙鲁偷渡至澳大利亚寻求庇护的人将被送回瑙鲁进行甄别和安置。这份协议的内容与澳大利亚同年 7 月与巴布亚新几内亚签署的难民问题协议大体相同。依据协议，所有抵达澳大利亚寻求庇护的人将被遣送到瑙鲁，其是否为难民的甄别程序将在瑙鲁进行。如果发现有人确实需要庇护，他们也将被直接安置在瑙鲁。澳大利亚前总理陆克文说，这一难民解决办法的核心在于确保偷渡的组织者无利可图，因为所有通过海上偷渡进入澳大利亚的人都将被遣送回国，不能在澳大利亚得到安置。[1]

据澳大利亚媒体 2016 年 8 月 3 日报道，新近公布的一份人权组织报告显示，澳大利亚在瑙鲁的难民处理中心存在严重的侵犯人权现象，而澳大利亚政府可能放任其发生。[2] 这份题为《澳大利亚：在瑙鲁对难民令人震惊的虐待和忽视》的报告指出，澳大利

---

① 王小舒：《澳大利亚与瑙鲁就难民问题签订协议》，新华社，2013 年 8 月 3 日，http://news. xinhuanet. com/world/2013 – 08/03/c_ 116799045. htm。

② 徐海静：《澳大利亚瑙鲁难民处理中心被揭严重侵犯人权》，新华社，2016 年 8 月 3 日，http://news. xinhuanet. com/world/2016 – 08/03/c_ 1119332233. htm。

亚和瑙鲁在处理难民事务时保密程度极高，多次拒绝人权组织和媒体的探访申请。直至 2016 年 7 月，相关人权组织才派人合法进入难民处理中心，调查了 84 名来自伊朗、伊拉克、巴基斯坦、索马里等国的难民，并从一些服务人员处获取了信息。报告认为，大约 1200 名以难民身份向澳大利亚申请避难的人被集中到瑙鲁进行甄别，其中大部分虽已被确认为难民，但还是被强制安置在瑙鲁长达 3 年，得不到医疗、教育等服务，并受到非人道对待，如遭到瑙鲁当地人的攻击，而攻击者却很少受到惩罚。报告指出，难民生活在那里就像坐牢，难民处理中心条件艰苦。难民抵达瑙鲁后，先要在内部温度高达 45℃至 50℃的帐篷里住一年多；厕所脏臭，每天只能洗澡 2 分钟；警卫时常入室搜缴食物、针线等所谓"违禁"物品。

虽然从 2015 年 10 月起，瑙鲁允许难民有更大的自由活动空间，难民可以走出难民处理中心，但那些生活在中心的人仍不得不面对宵禁、不许携带智能手机等限制，并被警卫监视。走出中心的人也很难融入当地社会。调查人员接触的所有难民都经历过当地人针对难民本人或其家庭成员的威胁、骚扰和暴力行为，包括扔石头、吐口水、持刀抢劫等，而部分女性难民还遭到性骚扰。长时间的羁押让很多人精神状况堪忧。一些儿童出现自杀倾向，却得不到适当的精神健康服务，医疗服务也时常拖延、供给不足。澳政府没有对以上问题加以处理很可能是故意放任，以达到阻止更多的难民乘船入境澳大利亚的目的。

根据瑙鲁向联合国提交的报告[①]，截至 2015 年 8 月 21 日，瑙

---

① 根据瑙鲁向联合国人权理事会普遍定期审议工作组第二十三届会议提交的报告，2015 年 10 月 14 日，http：//tbinternet. ohchr. org/_ layouts/TreatyBodyExternal/countries. aspx? CountryCode = NRU&Lang = zh。

鲁难民处理中心有 642 名寻求庇护者（151 名女性和 491 名男性）和 523 名难民（351 名男性和 172 名女性）。澳大利亚政府通过专业服务公司在瑙鲁向寻求庇护者和难民（包括儿童及其家庭、无子女夫妇和单身成年妇女）提供所需的教育、娱乐和福利服务。瑙鲁的所有服务都是按照与澳大利亚签订的合同，由澳大利亚边防部队负责安排。所有服务都是按照合同、难民处理中心准则和相关《行为守则》执行的。瑙鲁为所有寻求庇护者提供开放活动政策。每天上午 9 点至晚上 9 点，寻求庇护者不受流动限制。

2016 年，联合国儿童基金会在审查瑙鲁《儿童权利公约》时指出，在瑙鲁难民处理中心拥挤、潮湿、危及生命的环境中生活，寻求庇护儿童和难民儿童在身体方面面临着重大危险。联合国儿童基金会认为，长期在这种条件下生活，对儿童的精神和身体健康有害，已致使一名年仅 11 岁的儿童企图自杀和采用其他方式自残。尽管瑙鲁宪法规定了不得基于种族、原籍地和政治见解等因素歧视儿童，但是寻求庇护儿童和难民儿童一直在各个方面受到歧视，特别是在获得饮用水、卫生设施、教育、医疗和适足住房方面受到歧视。联合国要求瑙鲁对宪法第 3 条进行修订，将不得基于国籍或其他地位的歧视纳入其中；确保充分执行禁止歧视的现行法律，包括通过加强对公众的教育，消除社会对难民儿童和寻求庇护儿童以及残疾儿童的歧视态度；确保所有儿童都能获得充足的食物、水、卫生设施、优质教育、适足的医疗和住房；同时，在儿童保护服务司的主持下，设立一个具体机制，来处理歧视儿童的案件，特别关注寻求庇护儿童和难民儿童，并确保为儿童提供充足的人力、技术和财政资源。

澳大利亚通过特兰斯菲尔德服务公司（Transfield Services）提供

的服务，稳定维持难民处理中心人员的情绪。这些服务是维持该中心运转及其人员安康的组成部分。特兰斯菲尔德服务公司雇员按照《难民处理中心准则和员工行为准则》工作，确保增进和保护寻求庇护者和难民的权利。服务方案有结构化的和非结构化的，涉及教育、文化和宗教、娱乐和体育活动等，旨在建立强大的心理抗压能力和情感支持，同时保证被转移到瑙鲁人员的安康。特兰斯菲尔德服务公司的活动安排仅是为寻求庇护者制定的，有些活动是在社区开展的，例如娱乐活动（足球）、烹饪、沙滩漫步等。寻求庇护者能够参与开放中心的活动。2015 年，瑙鲁建立了社区一体化委员会，该委员会每月举行一次会议，是难民处理中心和瑙鲁社会所有关系各方的一个协作论坛，借以联络和支持难民过渡方案，以确保向寻求庇护者和难民提供服务的连续性。

第四节　与美国的关系

瑙鲁与美国的关系虽然不如帕劳与美国的关系紧密，但是两国建交早，来往比较密切。1976 年美国与瑙鲁建立外交关系。美国认为，美国和瑙鲁在相互尊重和共同利益基础之上建立了密切关系。两国在加强区域安全、促进可持续发展、应对气候变化、保护渔业和环境等问题上保持密切合作。美国在瑙鲁没有设立领事处和外交办事处，美国驻斐济大使同时兼任驻瑙鲁大使，可定期访问瑙鲁。

一　政治方面

历史上，瑙鲁是美国人和欧洲人的捕鲸队闯荡太平洋的"休憩补给站"。1976 年，美国与瑙鲁建立了外交关系。截至 2016 年，美国没有在瑙鲁设立领事馆或外交办事处。美国驻斐济大使兼任驻基里巴斯、瑙鲁、汤加、图瓦卢的大使，并定期访问瑙鲁。美国对瑙鲁提供许多援助，美国国际开发署在瑙鲁有小额基金赠款项目来协助瑙鲁适应气候变化。瑙鲁和美国共同加入了一些全球性国际组织，包括联合国、世界卫生组织、亚洲开发银行等。瑙鲁是太平洋岛国论坛的会员国，美国是其中的一个对话伙伴。瑙鲁在美国华盛顿特区没有设立大使馆，但是有一个在纽约联合国代表团，也兼行使驻美大使馆的职权。

从第二次世界大战结束以来，美国一直将南太平洋地区视为本国的势力范围。但该地区处于冷战时代国际政治的边缘，美国从未对其加以重视，将这一地区的主导权交给澳大利亚和新西兰。奥巴马政府时期，美国实施"重返亚太"战略，东南亚在奥巴马政府"重返亚太"战略中具有"前线"地位，拉升了南太平洋岛国的战略价值。南太平洋岛国是东南亚和澳大利亚一衣带水的邻邦，加强对南太平洋岛国的控制和部署，巩固在东南亚防范带后方的存在，对美国来说十分必要。瑙鲁位于第二岛链以东，如果控制瑙鲁，相当于获得横跨太平洋的中央壁垒。

美国地缘政治理论家斯皮克曼提倡的"边缘地带"战略观念，是通过增强具有战略重要性的边缘地区来达到围堵（遏制）所谓"心脏地区"向外扩张的目标。奥巴马的"重返亚太"战略同样沿袭这种理念，其在巩固与东北亚传统盟国合作的同时，加大了对东南亚的经营力度。因该地区战略地位重要，美国日后也会加强与太平洋岛国的联系。

在特朗普上台后，美国进一步加强了与瑙鲁的关系。2016 年

11 月，瑙鲁宣布与美国达成协议，重新安置在瑙鲁和马努斯群岛处理中心的难民。① 截至 2017 年 2 月，关于这些难民中有多少将被美国重新安置的公共信息很少，根据报告估计，会有 1250 名难民将离开瑙鲁和马努斯群岛。2017 年 2 月 27 日，澳大利亚移民和边境保护部向参议院报告，作为移民安置协议的一部分，初步筛选已经开始，但美国国土安全部官员透露，审查申请人的资料尚未获准正式开始。②

二　经济方面

在双边经济关系上，瑙鲁和美国之间的贸易数额极小，主要原因是瑙鲁面积小，地处偏远。瑙鲁的磷酸盐矿业由于资源枯竭而衰落，国家经济更依赖于在其专属经济区的捕鱼权。瑙鲁是美国在太平洋岛国签订金枪鱼渔业多边条约的一方，关于经济援助的相关条约规定，美国政府为包括瑙鲁在内的太平洋岛国每年提供 2100 万美元的援助资金。

瑙鲁与美国的联系主要在专属经济区的渔业捕捞上。2014 年 10 月，经过三天的谈判，美国与太平洋岛国在夏威夷最终达成总额为 9000 万美元的捕鱼协议，这个协议自称是全球最获利的入渔协议。根据上述协议，2015 年美国向有着 17 个成员的太平洋岛国论坛渔业局支付 9000 万美元，美国船只被允许在上述成员国海域

---

① Malcolm Turnbull, Peter Dutton announce refugee resettlement deal with US, http: // www. abc. net. au/news/2016 - 11 - 13/australia - announces - refugee - resettlement - deal - with - us/8021120.

② Stephanie Anderson and Julie Doyle, Nauru and Manus Island refugees yet to be vetted under US - Australia deal, http: //www. abc. net. au/news/2017 - 02 - 27/us - australia - deal - refugees - yet - to - be - vetted/8306138.

捕捞金枪鱼总计时间为 8300 天。渔业局局长莫维克表示，该局从 2009 年起与美国就入渔协议重新举行谈判，渔业局 2011 年收入为 4200 万美元，2012 年为 6300 万美元，2014 年收入为 2100 万美元①。

金枪鱼在全球的储量正在逐步减少，目前太平洋已成为金枪鱼的主要产地，全球捕捞的金枪鱼 60% 来自太平洋，捕捞的国家主要是有远洋捕捞能力的国家，如日本、韩国、西班牙等，但更多的捕捞船只来自南美洲和北美洲。对太平洋岛国而言，金枪鱼捕捞许可证费用是岛国的主要财政收入来源。在莫维克的努力下，太平洋岛国论坛渔业局建立了太平洋岛国对外谈判和按照"船天计划"捕捞机制。其中，有 8 个岛国签署了《瑙鲁协定》。按照船只天数捕捞机制设立的目的是建立一个太平洋地区入渔天数配额和设立每天金枪鱼最低捕捞费用标准。

当然，美国也时时关注瑙鲁的动向，美国中情局网站定期更新瑙鲁的经济发展情况。当瑙鲁的经济活动影响到美国利益时，美国也会对瑙鲁政府进行警告。20 世纪 90 年代，由于瑙鲁存在离岸金融活动，美国对瑙鲁提出了指责，认为这会助长金融犯罪。1999 年 12 月，美国四大银行禁止美元在瑙鲁的交易。美国认为，瑙鲁银行存在洗钱行为，许多毒贩在瑙鲁进行洗钱。

三 援助活动

美国是对瑙鲁提供援助的国际组织的主要财政捐助者，这些国际和区域组织包括亚洲开发银行、世界银行、联合国儿童基金会、

---

① http：//www. mofcom. gov. cn/article/i/jyjl/l/201410/20141000755436. shtml.

世界卫生组织、联合国人口活动基金会等。根据大洋洲海上安全倡议（OMSI），美国与瑙鲁拓展了船舶搭载协定（ship – rider agreement），为瑙鲁海上执法官员提供安全和船舶搭载服务，允许瑙鲁执法官员乘坐美国海军和美国海岸警卫队的船只。同时，美国的海岸警卫队和美国海军航空设施向太平洋岛国论坛渔业局开放，帮助瑙鲁保护专属经济区的渔业资源。由于瑙鲁没有中央供水管道系统，2016 年美国向瑙鲁捐赠了两辆容量为 10000 升的水罐车，为瑙鲁社区运输饮用水。[①]

第五节　与中国的关系

瑙鲁独立以后，虽然中国政府未与瑙鲁立即建交，但是双方之间的贸易往来和文化交流不断。在 2002～2005 年中瑙建交期间，瑙鲁领导人多次来华，中国出于国际合作需要和人道主义立场，向瑙鲁提供了诸多技术支持，开展了合作项目。中瑙断交以后，双方虽有经贸往来，但是数额较小。

一　双方联系历史悠久

中国很早就同瑙鲁有联系。到瑙鲁的第一批华人是 1914 年从香港招募的磷酸盐矿劳工，瑙鲁政府不许华工携带妻儿。当时瑙鲁人蔑视中国人，与华侨的关系很差。1948 年以来，瑙鲁政府对华侨华人的态度有所改善。1948 年，在瑙鲁的中国人多达 1400 人。1952 年，瑙鲁当局允许华侨华人携带家属，但三年期满一般被遣

---

① U. S. Relations with Nauru, https：//www. state. gov/r/pa/ei/bgn/16447. htm.

回香港。1966 年，人口普查数据显示，瑙鲁共有 6048 人，其中华人和华裔有 1167 人。

二　与中国大陆的关系

1979 年，中国驻斐济大使和中国武术团先后访问瑙鲁。1983 年 7 月，湖南杂技团访问瑙鲁。这其中还有一段不为人知的事情，当正在大洋洲进行访问演出的中国湖南杂技团乘飞机抵达瑙鲁时，黄国龙①和中国劳工代表及小学生一起到机场，迎接远道来的祖国亲人。当时，中华人民共和国跟瑙鲁还没有建立外交关系。湖南杂技团踏上瑙鲁国土后，按计划次日就要演出，但演出的场地还没有落实。黄国龙为此次演出的成功举办付出了心血和汗水。

杂技团载誉而归后，黄国龙维护民族尊严、赤诚爱国的行为受到中国外交部、国务院侨务办公室的赞扬。

2002 年前，中华人民共和国虽未与瑙鲁建交，但是双方交往不断。1991 年 7 月，瑙鲁总统多威约戈就中国遭受自然灾害向中国政府表示慰问，并捐款 1 万美元。1998 年 5 月 27 日，中国外交部驻香港特区公署特派员马毓真会见了在香港进行私人访问的瑙鲁总统金扎·克洛杜马尔。1999 年 8 月，杨洁篪会见了来北京出席第 22 届万国邮政联盟大会的瑙鲁财长克洛杜马尔。1999 年，中国与瑙鲁之间的双边贸易额为 6 万美元，皆为中方出口。2000 年，瑙鲁有一名学生在中国留学。

---

①　黄国龙，1941 年 11 月生于浙江台山市那扶镇南溪，1977 年移居瑙鲁国，与父亲经营百货公司。黄国龙的父亲为人忠厚，为了方便顾客而做赊销生意，在瑙鲁跟老百姓的关系很融洽，因此得到最高层的赏识，跟两任总统都私交甚笃。黄国龙继承了父亲的事业，也继承了父亲的人缘。

　　2002 年 7 月，中华人民共和国和瑙鲁共和国正式建立外交关系。7 月 21 日，瑙鲁总统勒内·哈里斯与中国外交部部长助理周文重分别代表两国政府在香港签署中瑙建交公报，两国正式建交。根据发表的公报，中国政府支持瑙鲁共和国政府为维护国家独立、主权和领土完整以及发展民族经济所做的努力。瑙鲁共和国政府承认世界上只有一个中国，中华人民共和国政府是代表全中国的唯一合法政府，台湾是中国领土不可分割的一部分。瑙鲁共和国政府决定于 7 月 21 日起断绝同中国台湾的“外交关系”，废除与中国台湾签署的所有协议，并在一个月内互相关闭瑙鲁、中国台湾当局驻对方的官方机构，撤走官方人员。瑙鲁共和国政府承诺在瑙鲁共和国和中华人民共和国建立外交关系后，瑙鲁共和国将不再与中国台湾发生任何形式的官方关系。中国和瑙鲁两国政府商定，将根据有关规定和国际惯例并在对等基础上在各自首都为对方使馆的建立和履行职务提供一切必要的协助。同年 9 月，中国向瑙鲁派出正式代办，驻瑙鲁使馆正式开馆。2003 年 4 月，中国首任驻瑙鲁大使许士国向瑙鲁总统迪罗格·吉乌拉递交国书。瑙鲁与中国建交后，瑙鲁获得了中国政府提供的 1.3 亿美元的资金援助。

　　自正式建交以来，中国与瑙鲁之间的官方交往频繁。2002 年 9 月，前外交部部长唐家璇在出席联合国大会期间会见瑙鲁总统哈里斯。11 月，瑙鲁经济发展部部长纳马杜克访华。12 月，瑙鲁财政部部长阿姆瓦诺、卫生和体育部部长博特兰加访华。2003 年 7 月，前外交部部长李肇星致电瑙鲁总统兼外长路德维格·斯科蒂，祝贺中瑙建交一周年。同年 8 月，外交部副部长周文重在出席太平洋岛国论坛会后对话会期间，会见瑙鲁总统哈里斯。2004 年 4 月，哈里斯总统来华进行工作访问，国家主席胡锦涛在人民大会堂会见勒内·哈里斯。勒内·哈里斯表示坚持"一个中国"原则，不仅对瑙鲁乃至对南太平洋地区都是有益的，双方签订了经济技术合作协定。2005 年 3 月 15 日，瑙鲁总统斯科蒂访华，中国外交部副部长杨洁篪与其会面，双方讨论了两国的双边关系以及在经济技术上的合作，斯科蒂承诺扩大与中国的经济技术合作。

2005 年，在与中华人民共和国建交的情况下，瑙鲁不断与中国台湾地区接触。5 月 14 日，瑙鲁总统斯科蒂不顾中方反复劝阻和做工作，在台北与台湾当局签署"复交公报"，宣布瑙鲁与中国台湾"复交"。5 月 27 日，中国宣布中止与瑙鲁的外交关系和两国政府间的一切协议。

三　与台湾地区的关系

截至 2016 年 12 月，瑙鲁是台湾当局 21 个"邦交国"中的一个。特别是蔡英文当选台湾地区的领导人以后，制定了"南向政策"，加强与太平洋岛国之间的联系。瑙鲁也抓住了台湾当局的这一立场和出发点，从台湾地区不断获取技术支持和资金援助。

瑙鲁与台湾的关系始于联合国托管时代。为获得政治上的资本，台湾地区很早就关注太平洋上的一些岛国。1968 年瑙鲁独立，即获得台湾当局"承认"。1975 年，瑙鲁在台湾设立"领事馆"。1980 年 5 月，瑙鲁同台湾当局建立"外交关系"。同年，台湾在瑙鲁设立"领事馆"。1990 年 8 月，双方宣布建立"全面外交关系"，台湾在瑙鲁的"总领事馆"也升级为"大使馆"。为拉住瑙鲁，台湾当局 20 多年来向其提供了不少资金。除每年提供 300 万美元的固定"援助"外，台湾还"无偿"帮助瑙鲁改善水、电、通信等基础建设，"援建"了不少项目。1992 年 7 月，瑙鲁从台湾贷款 850 万美元修建饭店。台湾还为瑙鲁兴建了一座发电厂。台当局还多次邀请瑙鲁政要赴台旅游。2000 年，陈水扁"就职"时，台当局特意邀请瑙鲁前总统伯纳德·多威约戈赴台游玩。多威约戈的长孙在台湾侨德小学读书，一切费用由台当局支付。2002 年 6 月，台湾地区"外交部亚太司司长"郑博久曾带着丰厚的见面礼赴瑙鲁联络感情。鲜为人知的是，瑙鲁"驻台机构"所在场所也是台湾当局提供的。瑙鲁前总统与台湾南部屏东县的枋寮农会前总干事陈安全私交不错，在台当局授意下，陈安全同意瑙鲁将其"驻亚洲总领事馆"设在枋寮农会大楼内。这个"总领事馆"的不少活动经费也是台湾当局提供的。台湾当局原以为可以高枕无忧了，但是 2002 年瑙鲁仍选择与台"断交"，与大陆建交。① 根据台湾公布的资料，在 2002 年前，台湾每年向瑙鲁提供的援助资金在 300 万美元左右②。

2005 年 5 月 1 日，陈水扁访问太平洋地区的"邦交"国。在马绍尔群岛访问期间，陈水扁私下与时任瑙鲁总统斯科蒂会面。

瑙鲁是单一制经济体国家，在 20 世纪末期随着磷酸盐矿的开采殆尽，经济明显下滑。瑙鲁国内生产总值有减无增，外债数额不断增加。公务人员的工资都难以支付，300 多名外籍劳工及眷属在瑙鲁等待遣散，瑙鲁当局也无力支付所需费用。为了获得更多的援助资金，2005 年 5 月 14 日，瑙鲁总统斯科蒂不顾中华人民共和国

---

① 李海茵：《瑙鲁匆匆抛弃台湾》，人民网，http://www.people.com.cn/GB/paper68/ 6828/665269.html。

② 张玮：《南太平洋岛国在台海两岸的外交选择》，台湾东吴大学硕士学位论文 2012 年，第 84 页。

政府反复劝阻和交涉，在台北与台当局签署"复交公报"，宣布瑙台"复交"。台湾答应提供援助资金，解决瑙鲁航空公司遇到的困难。2006年，台湾向瑙鲁提供援助资金约1300万美元。2007年，台湾当局援助瑙鲁1550万美元。2007年3月，瑙鲁在台北设立"大使馆"。

瑙鲁与台湾地区保持密切联系，除了政治因素以外，台湾派驻在瑙鲁的农业技术团也发挥了重要作用。根据1991年台湾与瑙鲁签订的技术合作协议，台湾不间断地向瑙鲁提供技术支持。1992年，台湾派出3名技术人员，对瑙鲁人员进行蔬菜、果树栽培示范培训。1995年，台湾派出3名技术人员，除了进行上述培训工作，还进行蛋鸡饲养培训。1999年，台湾派出2名技术人员，进行虱目鱼养殖计划培训。自2006年开始，台湾重新与瑙鲁签订农业技术合作协定，进行园艺（蔬菜、水果作物栽培）、畜牧（鸡猪养殖）以及水产养殖等培训。仅2011年，台湾投入技术合作资金1900万元新台币。

因台湾对"邦交国"进行了资金援助，台湾方面不断动员"邦交国"，请他们要求联合国让台湾加入国际民航组织、联合国气候变化框架公约等国际组织。瑙鲁总统表现得比较积极，不过这些违背国际规则的行动最终都是石沉大海。

第六节　与日本的关系

瑙鲁曾被日本殖民统治，受到日本诸多方面的影响。瑙鲁独立之初，日本就与瑙鲁建立了外交关系。日本对瑙鲁进行了包括教育、科技、文化等项目的援助，双方联系紧密。

一　政治方面

历史上，瑙鲁曾被日本占领，这给瑙鲁的政治、经济、社会发展带来了巨大灾难。1942～1945 年，日本占领瑙鲁，以此作为入侵太平洋的跳板。1942 年 8 月，日军轰炸瑙鲁，部分居民逃往澳大利亚，以免遭日军的屠杀。8 月 26 日，瑙鲁被日本占领，成为日军在南太平洋上的战略支援基地，日本派出 2000 名士兵驻守，并带来大批日本人和朝鲜人，在岛上部署了两个小型飞机场。占领瑙鲁期间，日本大肆掠夺岛上的磷酸盐矿资源。日军还把瑙鲁岛上 60% 以上的居民，强迫押送到密克罗尼西亚群岛的特鲁克群岛充当苦工。在日本投降的时候，瑙鲁岛上只剩下 500 多人。那些被赶到特鲁克群岛的瑙鲁人只有 737 人返回家园。在这场战争中，如果按照人口比例计算，瑙鲁死亡的人口比任何国家都要惨重，总人口减少了 1/4。1968 年，瑙鲁与日本建立外交关系。

日本为了自身政治发展需要，一直拉拢太平洋岛国。在小泉纯一郎当首相的时代，日本就一直拉拢太平洋岛国。2003～2005 年，日本向岛国提供的援助金额为 320 亿日元。美联社分析认为，日本增加援助金额，首先是为获得联合国安理会常任理事国席位"拉票"。2006～2008 年，日本向包括瑙鲁在内的 12 个岛国和 2 个地区提供了 450 亿日元的政府开发援助。同时，瑙鲁也不断加强与日本之间的政治往来。1981～2017 年，日本仅有一名高级别政治官员前往瑙鲁访问，即 2001 年日本议会外交秘书小岛敏男（Toshio Kojima）访问瑙鲁。瑙鲁有包括总统在内的数名高级别官员前往日本访问。详情见表 7 - 1。

表 7 - 1   1981 ~ 2017 年年瑙鲁领导人访问日本一览

年份	互访内容
1981 ~ 1982 年 1983 ~ 1984 年 1987 ~ 1989 年	总统哈默·德罗伯特先后六次访问日本
1990 ~ 1992 年 1994 年	总统伯纳德·多威约戈先后三次访问日本
1997 年	总统金扎·克洛杜马尔前往日本参加亚洲开发银行会议
2000 年	总统金扎·克洛杜马尔出席第二届日本 - 太平洋岛国首脑峰会
2005 年	总统路德维格·斯科蒂访问日本
2006 年	总统路德维格·斯科蒂前往日本参加第四届日本 - 太平洋岛国首脑峰会
2007 年	总统路德维格·斯科蒂前往日本参加第一届亚太水论坛(Asia-Pacific Water Forum)
2009 年	总统马库斯·斯蒂芬前往日本参加第五届日本 - 太平洋岛国首脑峰会
2010 年	外交和贸易部部长基兰·科克(Kieren Keke)博士参加日本 - 太平洋岛国首脑峰会第一届部长级会议
2012 年	总统斯普伦特·达布维多出席第六届日本 - 太平洋岛国首脑峰会
2013 年	议会议员弥尔顿·罗斯·杜布(Milton Ross Dube)参加日本 - 太平洋岛国首脑峰会第二届部长级会议
2015 年	商务、工业和环境部部长兼瑙鲁康复公司总经理亚伦·库克(Aaron Cook)参加在日本举办的第三届世界减少灾害风险大会(The 3rd World Conference on Disaster Risk Reduction) 总统巴伦·瓦卡参加第七届日本 - 太平洋岛国首脑峰会
2017 年	1 月 17 日,日本 - 太平洋岛国首脑峰会第三届部长级会议举行

资料来源:日本外务省网站。

2015 年，日本政府向瑙鲁提供 2100 万澳元的援助，用于采购新机器以改善瑙鲁艾沃港口的装载能力，艾沃港口由于环礁岛屿的特殊情况，不能停泊远洋轮船和大型船只。日本大使馆经济研究员认为，援助能够确保瑙鲁船舶从斐济购买的货物安全运输到艾沃港，促进了瑙鲁和世界其他地方（包括斐济）之间的贸易联系。①

二　经贸与社会方面

从 2013～2016 年的双方贸易数据来看，双方经济关系并不紧密。2013 年，日本在瑙鲁没有常住人口。瑙鲁向日本出口 1.1 亿日元，从日本进口 3.6 亿日元。② 2013 年，日本向瑙鲁赠款 1.8 亿日元，截至 2013 年累计达到 16.96 亿日元。2013 年，日本与瑙鲁之间的技术合作资金达 100 万日元，截至 2013 年累计达 2.19 亿日元。日本是瑙鲁的少数出口国之一，并且在瑙鲁的对外出口额中占有不小比重。进入 21 世纪以来，瑙鲁把经济增长重点放在了发展海洋上，开发海洋专属经济区的渔业资源，向日本出口金枪鱼占据瑙鲁海外贸易的主要部分。

在社会援助方面，日本对瑙鲁的援助主要通过资金和项目援助实现。2015 年 1 月，日本中小企业发展非项目援助赠款（Japan's Non‑Project Grant Aid for Provision of Japanese SME's Products），为瑙鲁提供 100 万日元援助资金。2015 年 5 月 27 日，日本向瑙鲁无偿援助 200 万日元。2015 年 9 月 15 日，日本与 14 个太平洋岛国签

---

① Japan, Nauru Deal, http：//www. fijitimes. com/story. aspx？id=308310.

② http：//www. mofa. go. jp/region/asia‑paci/nauru/data. html.

订了《太平洋岛国加强多灾害风险评估和预警系统项目》协议
(The Project for Strengthening Multi - hazard Risk Assessment and Early
Warning Systems in Pacific Island Countries)，投入资金 124 万日元，
瑙鲁、斐济等 14 个岛国从中受益。① 2015 年，日本政府承诺向瑙
鲁社区提供 8 个额外的太阳能水泵系统和 6000 公升聚乙烯水箱。
2016 年 9 月，日本向瑙鲁提供了经济和社会发展方案援助项目，
投入资金 200 万日元。② 2017 年，日本继续向瑙鲁提供教师培训项
目。

2017 年 1 月 17 日，日本 - 太平洋岛国首脑峰会第三届部长级
会议举行。来自澳大利亚、新西兰以及包括瑙鲁在内的 14 个太平
洋岛国外交部部长出席会议。日本外务大臣吉田孝一出席并主持会
议。密克罗尼西亚联邦外交部秘书罗伯特（Lorin S. Robert）担任
太平洋岛国论坛主席，代表太平洋岛国发言，希望加强与日本的合
作，共同应对太平洋地区的气候变化和环境问题。③

三　日本 - 太平洋岛国首脑峰会

日本 - 太平洋岛国首脑峰会（Japan - SPF Summit Meeting）是
日本主办的日本首相和太平洋岛国领导人之间的峰会。首届峰会于
1997 年举办，之后每三年在日本各个城市举办一次。日本试图通
过这个峰会，以经济援助、技术援助的手段加强与各岛国的联系，
以实现自己的政治目的。后来，日本把确保金枪鱼、鲣鱼等渔业资
源及天然气的持续供应也作为峰会的重要议题之一。2015 年 5 月

---

①　http：//www. mofa. go. jp/policy/oda/page23_ 000042. html#oceania.

②　http：//www. mofa. go. jp/policy/oda/page25_ 000020. html#oceania.

③　http：//www. mofa. go. jp/press/release/press4e_ 001433. html.

22 日，第七届日本－太平洋岛国首脑峰会在位于日本东北部的福岛县磐城市举行，与会方是日本及太平洋岛国领导人，为期两天的会议主要关注应对灾害、气候变化和海洋问题。当然，日本的根本目的还是迫切希望增强在南太平洋地区的影响力。自 20 世纪 80 年代末以来，日本在经济上与这一地区关系渐渐增强。日本不断推动与岛国的关系，讨论海洋问题、渔业和灾害管理，努力应对气候变化和地区可持续发展。为获得岛国的支持，日本向联合国绿色气候基金（GCF）提供 10 多亿美元资金。

太平洋岛国中有很多亲日国家，是日本在联合国的潜在支持者。日本抓住岛国的需要，重点支援易受全球气候变暖、海平面上升及台风影响的岛国。虽然每一个岛国都很小，但对于日本而言，这是加强自己支持面基础的宝贵机会。日本不断向岛国提供太阳能发电和海水淡化设备，并为这些国家培养了 1500 名技术人才。双方还在峰会之后的宣言中写道，受援国家"承认日本在联合国和平和安全保障方面所发挥的作用"，这实际上是间接要求各岛国支持日本"入常"。

第七节 与其他国家的关系

在南太平洋地区，除了上述各国之外，瑙鲁还与其他国家有着或亲近或疏远的关系。

一 与韩国的关系

1979 年 8 月 20 日，韩国与瑙鲁建立外交关系。

自 2010 年 G20 首尔峰会后，韩国开始大力推进多边外交。韩国与南太平洋岛国外长会议是韩国首次主导的区域内多边外交会议，韩国政府和舆论界为此十分兴奋，认为此举有助韩国摆脱以美中日俄四大国家为中心的外交。作为一个亚太国家，韩国把兴趣转向南太岛国，与其希望扩展地区影响力的外交战略有关，还因为南太平洋地区海洋资源丰富，韩国希望加强与南太平洋地区岛国的经济合作。

G20 峰会召开之时，韩国总统李明博曾经亲自向各太平洋岛国外长介绍了韩国低碳经济的经验，承诺每年给予南太平洋岛国的援助由 30 万美元提高到 100 万美元，并扩大对南太平洋岛国的人员培训等。

瑙鲁与韩国在经济上的关系也较为密切，韩国是瑙鲁的主要出口国之一，韩国在瑙鲁海域有捕捞金枪鱼的船只作业。2011 年 5 月，韩国开始邀请太平洋岛国举办第一届韩国 – 太平洋岛国外交部部长会议。韩国政府在气候变化和以深海矿物资源为主的未来能源资源等领域与太平洋岛国有合作关系。2014 年 11 月 24 日，第二届韩国 – 太平洋岛国外长会议在首尔举行，由韩国外交部长官尹炳世主持。与会国围绕"为共同繁荣建立具有包容性和可持续性的太平洋伙伴关系"的主题，就韩国和太平洋岛国在发展合作、气候变化、海洋和水产三个领域的合作方案进行讨论。① 为加强在发展、应对气候变化方面与太平洋岛屿国家的合作，韩国政府扩充韩国 – 太平洋岛国合作基金规模，通过联合国绿色气候基金共同应对气候变化。韩联社称，韩国外交部期待，通过这次会议将小规模的

---

① 《第二届韩国 – 太平洋岛国外长会议于 2014 年 11 月 24 日在韩国首尔举行》，http: // news. xinhuanet. com/world/2014 – 11/20/c_ 127234295. htm。

韩国多边合作扩大到太平洋地区，并在国际舞台上进一步争取太平洋岛屿国家对韩国的支持。

二　与英国的关系

从瑙鲁历史发展进程来看，英国与瑙鲁的发展有着千丝万缕的联系。

1798 年，英国船长约翰·费恩率领捕鲸船"猎手号"抵达瑙鲁，当船靠近时，有许多人乘着独木舟来迎接这艘船，约翰·费恩对此留下了深刻的印象，并把这个岛命名为 Pleasant Island（"快乐岛"），从此之后，开启了西方世界与瑙鲁交流的历史。第一个成功在岛上定居的欧洲人是英国人威廉姆·哈里斯，1842 年，29 岁的他来到岛上，为当地姑娘而着迷，遂定居下来，前任瑙鲁总统勒内·哈里斯便是他的后代。

1914 年 9 月至 1921 年 6 月，瑙鲁成为英国西太平洋殖民地的一部分。之后，瑙鲁成为国际联盟托管地，由澳大利亚、新西兰和英国共同管治，由澳大利亚代表三国行使管理职权，而磷酸盐矿开采则由英国磷酸盐委员会把持。第二次世界大战结束之后，瑙鲁依然是联合国托管地，由澳大利亚、新西兰和英国共同管治，一直延续到瑙鲁独立。由于磷酸盐矿的开采，岛上的环境遭到了极大的破坏，许多地方成为不毛之地，瑙鲁向国际法院提出申诉，要求英国、澳大利亚、新西兰赔偿造成的环境损失。瑙鲁与英国进行庭外和解，英国同意一次性支付给瑙鲁 1200 万美元。自 1968 年瑙鲁独立以来，英国停止了在瑙鲁的政府行为。1968 年 11 月，瑙鲁以特别成员身份加入了英联邦。英联邦特别成员国可以参加英联邦除了政府首脑会议（无权出席英联邦政府首脑会议）以外的所有活动。

1999 年 5 月，瑙鲁成为英联邦正式成员国。2005 年 7 月，英联邦恢复了瑙鲁的特别成员国身份。2011 年 6 月，瑙鲁再次成为英联邦正式成员国。

21 世纪以来，瑙鲁与英国的经贸关系密切，英国在瑙鲁的进出口贸易中占有很大的比重。英国设在所罗门群岛首都霍尼亚拉的英国高级专员署，可以为在瑙鲁的英国公民提供帮助，英国驻斐济苏瓦的高级专员署负责处理双边事务。① 这也是英国覆盖瑙鲁的政府组织。瑙鲁在英国设有名誉领事馆②。

三 与印度的关系

1968 年，瑙鲁与印度建立外交关系。印度驻斐济高级专员署同时负责处理与瑙鲁之间的事务。瑙鲁在印度新德里设有名誉领事馆。

1981 年，瑙鲁政府和印度政府投资了磷酸盐合资企业（Paradeep Phosphates Ltd.）。1993 年 6 月，瑙鲁时任总统多威约戈访问印度，处理瑙鲁在印度的磷酸盐投资事务，当时瑙鲁的投资发生 6380 万澳元亏损。经过谈判，印度购买了瑙鲁的股份。1998 年 4 月，瑙鲁总统克洛杜马尔参加了在印度举行的全球环境基金大会（Global Environment Facility）。全球环境基金大会结束后，克洛杜马尔正式访问印度。

2002 年 8 月 15 日至 17 日，太平洋岛国论坛会议在斐济苏瓦举行，接纳了印度作为论坛的对话伙伴，从 2003 年论坛对话会议开始生效。这种新的关系以更加结构化和持续的方式扩大了印度与太平洋岛屿国家的关系。

---

① https：//www.gov.uk/government/world/fiji.

② http：//www.worldstatesmen.org/Nauru.html.

2003 年 8 月，瑙鲁总统勒内·哈里斯给印度总理写信，希望印度在发电厂、海水淡化厂、计算机系统更新等方面提供 1000 万澳元贷款。2003 年 11 月，瑙鲁政府再次要求印度派遣一个计算机、磷酸盐矿开采、发电和海水淡化厂方面的专家团队，为瑙鲁提供技术援助。2004 年 6 月，印度政府指派了一名计算机专家进行为期 10 天的技术指导，对瑙方的电脑设备进行现场评估，进行必要的修理和硬件替换等。

2007 年，印度向瑙鲁提供了一辆 16 座小型货车供瑙鲁议会成员使用，提供一辆 8 座汽车供瑙鲁议会议长使用，提供两辆 30 座位巴士供学校学生使用。2008 年，印度政府提供 10 万美元，援助瑙鲁政府招聘教师。同年，印度还批准了 18.6 万美元的对瑙援助资金，支持瑙鲁政府建设政府外派员工公寓项目。①

2010 年 10 月，瑙鲁总统马库斯·斯蒂芬访问印度，参加在新德里举办的英联邦运动会。瑙鲁在举重比赛中获得金牌和银牌。印度向瑙鲁提供了 5 个 ITEC 培训课程名额和 1 个 ICCR （联邦计划）奖学金名额。瑙鲁直接招聘印度人在瑙鲁工作，印度侨民的工作业绩得到瑙鲁政府的赞赏。

为加强与太平洋岛国的关系，2014 年、2015 年印度连续召开两届印度—太平洋岛国合作论坛。莫迪政府认为，岛国对印度而言具有"特殊的地位"。

四 与新西兰的关系

瑙鲁与新西兰建立了良好关系，特别是在渔业、区域贸易和发

---

① http://www.mea.gov.in/Portal/ForeignRelation/Nauru – January – 2012. pdf.

展方面，具有共同利益。

早在 18 世纪后期，一位新西兰船长在海上航行时"发现"了瑙鲁，当时他只看到岛上有很多土著人和茅草屋，并未对此加以重视，也未登陆。当瑙鲁发现磷酸盐矿后，瑙鲁的主要收入是向澳大利亚、新西兰出口磷酸盐，并获得了巨大的经济收益。瑙鲁独立后，呼吁国际法院判决对瑙鲁环境造成破坏的国家和公司，新西兰与瑙鲁进行了庭外和解，给予瑙鲁 1200 万美元的补偿。

因为距离较近，瑙鲁与新西兰来往较多，新西兰给予瑙鲁较多援助。新西兰对瑙鲁的援助集中在司法制度方面。2015～2016 年，新西兰对瑙鲁的各项援助资金达 310 万新西兰元①。瑙鲁司法机构得益于新西兰司法机构的指导。新西兰帮助瑙鲁制定了司法部门的十年发展规划，成立了法律援助办公室，提高了法院的工作效率，增强了人们对法律的了解；协助瑙鲁开发了一个技能课程，提高了法庭书记员的写作水平；在司法部门实施新的管理系统，改进了档案和案件管理办法；对监察和人权的工作人员进行培训，从而改善了监狱的管理水平。

新西兰外交、贸易、司法部设立了太平洋司法基金，这是一个支持岛国司法发展的举措。它承认新西兰和太平洋岛国司法机构之间存在的良好意愿和密切关系，并向整个太平洋地区的法官、司法机构和法院行政人员提供发展和培训机会。新西兰司法研究所是司法机构的教育部门，它提供教育方案和培训课程，为瑙鲁的司法部门提供了支持。2015 年 6 月，瑙鲁司法部门工作人员出席了新西兰法庭通信研讨会。该讨论会为法庭书记员提供了一次培训机会，训

---

① https：//www. mfat. govt. nz/en/aid－and－development/our－work－in－the－pacific/aid－partnership－with－nauru/.

练书记员在法庭独特环境下进行沟通的技能。该培训计划旨在培养法官形成良好的陈述风格，包括在紧张情势下把握陈述要素，能够以清晰的声音在法庭上表达观点。新西兰人约翰·邓恩（Gaven John Donne）从 1985 年开始担任瑙鲁的首席大法官，直到 2001 年退休。

新西兰通过援助方案与瑙鲁建立了伙伴关系。来自瑙鲁的工人可以在新西兰从事园艺和葡萄酒行业工作。另外，新西兰援助瑙鲁的教育事业，主要体现在通过增加教师人数，提升学生获得优质小学和中学教育的机会，提高学生的成绩，最终增加学生获得高质量的高等教育、技术和职业教育的机会。新西兰向瑙鲁提供了很多奖学金名额，包括长期培训和短期培训。在渔业合作方面，新西兰为瑙鲁人员培训水产养殖和加工、食品储存和包装、食品安全、生物安全、供应链和分销方面的能力；在公共部门管理方面，培训内容涉及公共行政、公共政策和管理、公共部门领导和协调、法律、人力资源能力发展、信息管理、公共财政管理、政府预算、税务改革、公共部门审计、统计、政治科学、社会政策、国际贸易和商业、贸易便利化、贸易政策等。在环境保护培训方面，涉及环境科学、环境研究、资源管理、水技术、废物管理、土地恢复、城市规划等；在健康培训方面，涉及公共卫生、卫生管理、农村卫生服务、卫生领导、卫生政策等方面的知识；在教育培训方面，包括农村基础教育、幼儿、小学和中学教育，以及残疾教育、教育管理和领导、教育规划和课程开发、教育研究、特殊教育、教师培训等。①

2015 年 3 月，新西兰被曝监控斐济、汤加、萨摩亚、瓦努阿

---

① https：//www. mfat. govt. nz/en/aid－and－development/scholarships/who－can－apply－for－a－scholarship－3/nauru－scholarships－2/.

图、瑙鲁等太平洋岛国。南太平洋地区岛国一贯被新西兰和澳大利亚视为其传统势力范围，但近年来其他域外大国的介入，使得西方国家对南太地区的关心陡增。

2015 年 9 月，瑙鲁对新西兰政府进行了批评，新西兰决定停止对瑙鲁的援助活动。瑙鲁随即对新西兰司法部门发表了严厉的谴责，称其停止援助是错误的。声明还指控新西兰企图破坏瑙鲁的国家主权和干涉其国内事务。①

五　与法国的关系

由于历史原因，法国在太平洋岛国也有较大的影响，仍控制两大群岛（法属波利尼西亚②和新喀里多尼亚③）。20 世纪后期，法国经常利用这些岛屿，隐秘进行多项核试验。太平洋诸岛国虽然强烈抗议，但法国仍然置若罔闻。由于岛国国力不足，不能在国际社会乃至在联合国内与法国进行抗争。

瑙鲁独立之初，法国与其建交。瑙鲁于 1986 年 7 月签署了《南太平洋无核区条约》。1995 年，为抗议法国在南太平洋地区恢复核试验，瑙鲁政府宣布自 9 月 6 日起中止与法国的外交关系。1997 年，两国恢复外交关系。2003 年，法国总统希拉克（Jaques Chirac）在塔希提岛帮助太平洋岛国领导人呼吁更多的国家签署

---

① http：//www. radionz. co. nz/international/programmes/datelinepacific/audio/201769256/nauru - claims - new - zealand - move - misguided - and - interfering.

② 又名塔希提。法属波利尼西亚由 118 个岛屿组成，面积 4167 平方千米，属于热带海洋性气候，是联合国非自治领土，塔希提岛是群岛中最大的岛屿。

③ 新喀里多尼亚地区位于南回归线附近，主要由新喀里多尼亚岛和洛亚蒂群岛组成作为法国的海外属地之一，除官方语言法语以外，美拉尼西亚语和波利尼西亚语亦通用于此。这里有丰富的矿产资源，镍矿资源储量居世界第一位。

《京都议定书》。希拉克还宣布，法国对该地区的援助将增加一倍，并提供法国的先进经验和军事援助，以制止在该地区的非法捕鱼活动。这一倡议得到了太平洋岛国领导人的广泛欢迎。瑙鲁时任总统路德维希·斯科蒂欢迎法国的援助，认为援助活动对各岛国有很大的帮助。

2015 年 1 月，法国总统奥朗德向瑙鲁总统发出邀请函，邀请其参加在法国举办的第 21 届联合国气候变化大会。[①] 奥朗德说，在瑙鲁共和国国庆日之际，其代表本人以及法国人民对瑙鲁人民表示最热烈的祝贺。法国支持新喀里多尼亚、法属波利尼西亚、瓦利斯、富图纳作为一个独立的南太平洋地区国家参与区域一体化。法国关心气候变化以及海平面上升给太平洋岛国带来的风险。

六 与斐济的关系

瑙鲁在斐济苏瓦设有高级专员署，处理瑙鲁与其他国家、国际组织的关系。斐济楠迪国际机场有定期的航班飞往瑙鲁。一些国际组织和大国都在斐济建有办事处和使馆，所以，斐济成为瑙鲁与国际组织和大国进行沟通的重要枢纽。

2014 年 2 月，斐济总统拉图·埃佩利·奈拉蒂考（Ratu Epeli Nailatikau）对瑙鲁进行国事访问。2015 年 1 月，瑙鲁总统巴伦·瓦卡对斐济进行国事访问。斐济总统拉图·埃佩利·奈拉蒂考在总统府接待了访问团。访问团其他成员包括瑙鲁第一夫人路易莎·瓦卡和瑙鲁政府高级官员。瑙鲁总统访问了苏瓦港，了解苏瓦港的运

---

① http：//www. ambafrance – fj. org/Nauru – updates – its – Criminal – Code – abolishes – Death – Penalty – and – Decriminalize.

作情况。斐济苏瓦港公司与太平洋岛国和太平洋海运联盟等各种组织建立了密切联系。每年，有大量的货物从该港运送到瑙鲁。2015年，在瑙鲁独立 47 周年之际，斐济总理姆拜尼马拉马（Voreqe Bainimarama）向瑙鲁总统巴伦·瓦卡致信祝贺。信中说，斐济和瑙鲁作为邻国，都是太平洋地区小岛屿发展中国家，双方在合作方面取得了重要进展，建立了稳定的双边关系，共同联合解决未来遇到的挑战，推动建立更具活力的太平洋社区。

2016 年，斐济向瑙鲁派出 2 名教师志愿者，帮助瑙鲁教师提升教育技能。[①] 同年，斐济遭受威灵顿飓风风灾，瑙鲁向斐济提供了 10 万澳元的援助资金。[②]

尽管斐济在南太平洋地区处于枢纽地位，但是从公开的资料来看，很少查询到瑙鲁与斐济之间的联系。

七 与古巴的关系

尽管古巴国内面临各种危机，但是古巴在南太平洋地区有较大影响。古巴与太平洋岛国之间举办有古巴 – 太平洋岛国部长级会议。古巴通过医疗援助的方式，加强与太平洋岛国之间的关系，一方面派遣医生前往岛国进行医疗援助，另外向岛国学生提供奖学金名额，支持岛国学生前往古巴学习医学。

2002 年，瑙鲁与古巴建交，开始加强与古巴的关系。古巴向瑙鲁提供医疗援助，古巴医生在瑙鲁进行志愿服务。2007 年 6 月，瑙鲁采用了"古巴扫盲方法"（Cuban literacy method），提升公民

---

① http：//fijisun. com. fj/2016/01/28/more – fijian – teachers – for – nauru – tuvalu/.

② http：//fijisun. com. fj/2016/02/27/nauru – gives – 154000 – to – help – us/.

受教育水平，其他几个太平洋国家也采用了此方法。2007 年 10 月，瑙鲁外交部部长阿迪昂（David Adeang）前往古巴加强两个国家之间的关系，根据双方协商，设立了古巴－瑙鲁政府间经济合作联合委员会。2008 年 9 月，瑙鲁外交部部长出席了在哈瓦那举行的第一次古巴－太平洋岛国部长级会议，旨在"加强瑙鲁与古巴之间的合作"，特别是在应对气候变化影响方面的合作。

八 与俄罗斯的关系

瑙鲁与俄罗斯建立了双边联系，俄方通过其驻澳大利亚堪培拉的大使馆处理与瑙鲁之间的事务。俄罗斯驻澳大利亚大使兼任斐济、瓦努阿图、瑙鲁的非驻地大使。

20 世纪 90 年代，俄罗斯黑手党通过瑙鲁银行洗钱。俄罗斯黑手党在瑙鲁银行存有大约 700 亿美元，这相当于瑙鲁 20 世纪 90 年代出口额的 700 倍。这些钱从俄罗斯银行转移到在瑙鲁的特许银行账户，主要是以瑙鲁作为离岸避税地，逃避税收。21 世纪初，特别是"9·11"事件爆发后，国际社会认为离岸金融活动助长了恐怖活动，时任瑙鲁总统回应瑙鲁不会容忍金融系统的犯罪，在一定程度上制止了离岸金融活动的发展。

2009 年，瑙鲁承认科索沃是一个独立的国家，并且在 2009 年成为继俄罗斯、尼加拉瓜、委内瑞拉后第四个承认阿布哈兹主权的国家。由于瑙鲁与俄罗斯立场一致，俄罗斯向瑙鲁提供了 5000 万美元的人道主义援助。同年 7 月 15 日，瑙鲁宣布了一个港口翻新计划，其中 900 万美元的资金来自俄罗斯，但官方声称此援助与瑙鲁承认阿布哈兹和南奥塞梯独立无关。2010 年 3 月，俄罗斯政府官员对瑙鲁进行了政治访问，以讨论对瑙方提供更大规模的援助。

大事纪年

3000 年前   密克罗尼西亚人和波利尼西亚人已在瑙鲁定居，形成了 12 个部落。

1798 年   英国人约翰·费恩到达瑙鲁，发现岛上居民的生活悠闲自得，为其取名为"快乐岛"。从此之后，开启了西方世界与瑙鲁交流的历史。同年底，美国捕鲸船到达瑙鲁。

19 世纪 30 年代   在瑙鲁的捕鲸船不断增多，他们需要到岛上补充物资，特别是淡水资源。

1842 年   英国人威廉姆·哈里斯成为第一个登上瑙鲁岛的欧洲人，前任瑙鲁总统勒内·哈里斯便是他的后代。

1878 年   瑙鲁开始了 10 年内战，导致人口大幅度减少。

1888 年   德国占领瑙鲁岛，瑙鲁成为马绍尔群岛保护领的一部分，取消了"快乐岛"的称呼，恢复了"瑙鲁"旧称。10 月 1 日，德国一艘炮舰"艾伯号"上的 36 人在瑙鲁登陆。10 月 3 日，德国人在瑙鲁岛上缴获了 765 支枪和

	1000 发子弹，平息了岛上的内战。
1890 年	罗伯特·罗旭被德国任命为瑙鲁的第一个管理者。自此，德国人统治瑙鲁近三十年。
1896 年	英国太平洋岛屿公司（总部设在悉尼）发现瑙鲁的中央高地蕴藏着大量高品位磷酸盐。
20 世纪初	基督教新教传教士将西方的教学模式带到了瑙鲁。
1902 年	在瑙鲁埃瓦区成立了瑙鲁第一所学校。
1906 年	英国和德国政府决定成立太平洋磷酸盐公司，太平洋磷酸盐公司开采的磷酸盐矿石被运送到澳大利亚。
1908 年	在德国殖民统治时期，瑙鲁岛上设立了邮局，使用来自马绍尔群岛的邮票。为了方便瑙鲁岛上磷酸盐矿石运输至外海的货船上装运，德国在瑙鲁开始安装悬臂梁设施。
1914 年	瑙鲁岛被澳大利亚军队占领。
1919 年	国际联盟将瑙鲁划归澳大利亚、英国和新西兰共管，由澳大利亚代表三国行使主权。英国、澳大利亚、新西兰就磷酸盐开发问题达成协议：新成立的磷酸盐公司直接承担瑙鲁统治当局的开销，继续向瑙鲁人支付补偿金；三国各派一名代表组成管理委员会；三国按配额以成本价购买磷酸盐矿石，其他事宜承袭公司既有制度。
1920 年	7 月 1 日，英国、澳大利亚和新西兰三国收购

太平洋磷酸盐公司，组建了英国磷酸盐公司，从中获得巨大的利益。

12 月 17 日，瑙鲁接受澳大利亚、新西兰、英国三国共管。同年开始，瑙鲁将每年 10 月 26 日定为"返乡日"。

1921 年	英国磷酸盐公司决定提高瑙鲁磷酸盐矿开采补偿金数额。
1923 年	英国、澳大利亚、新西兰联合在瑙鲁实施了义务教育，并建立了以英语为基础的课程。
20 世纪 30 年代	由于没有疫苗预防，瑙鲁遭受了重大传染性疾病的困扰，人口数量大幅度减少。
1940 年	12 月，德国首先对瑙鲁发起攻击。
1942 年	日本占领瑙鲁，以此作为入侵太平洋的跳板，在岛上修建了两个小型飞机场。
1943 年	同盟国对瑙鲁的日军机场进行了地毯式轰炸，阻碍了食品、生活用品等物资空运到瑙鲁。
1945 年	9 月 13 日，瑙鲁摆脱日本统治，获得解放。
1946 年	哈默·德罗伯特回到瑙鲁，开始在教育部工作。
1947 年	2 月 6 日，在南太平洋地区有属地和托管地的美国、英国、法国、澳大利亚、新西兰和荷兰 6 国政府签署了《堪培拉协议》，宣布成立南太平洋委员会。
	11 月 1 日，瑙鲁成为联合国托管领地，仍由澳大利亚管理。

1948 年	瑙鲁正式向联合国托管理事会提出申诉，要求对自己岛屿的财政掌握一定的控制权。
1951 年	瑙鲁成立地方政府委员会，由 11 个区选举产生的 9 名委员组成。哈默·德罗伯特参与瑙鲁地方政府理事会的选举。
1952 年	瑙鲁当局政府允许华人携带家属前往瑙鲁，但三年期满一般会被遣回。
1953 年	联合国托管理事会要求澳大利亚、新西兰、英国控制的英国磷酸盐公司公布磷酸盐矿开采收益，以便确定如何提升对瑙鲁人的补偿。
1954 年	英国磷酸盐公司表示愿意增加对瑙鲁人的赔偿金，但拒绝公布收益详单。
1955 年	瑙鲁全民公投后成立了代议自治机构"地方政府委员会"。
1966 年	1 月 22 日，瑙鲁首次举行大选，成立了立法暨行政委员会。年底，在瑙鲁独立之前最后一次托管理事会大会上，德罗伯特希望通过回填土壤来恢复瑙鲁环境。人口普查数据显示，该年瑙鲁人口共有 6048 人，其中华人和华裔有 1167 人。
1967 年	瑙鲁人民赎回英国磷酸盐公司的资产，获得磷酸盐矿的开采权。
1968 年	1 月 31 日，瑙鲁获得独立，成为世界上最小的独立共和国。哈默·德罗伯特当选首任总统。同年，瑙鲁宪法由制宪会议通过并生效，

宪法共 11 章 100 条。

11 月，瑙鲁成为英联邦特别成员国。瑙鲁与日本建立外交关系，中国台湾当局 "承认" 瑙鲁独立。瑙鲁广播公司成立。

1970 年	6 月，磷酸盐资源的控制权转移到瑙鲁磷酸盐公司手中。
1971 年	瑙鲁、新西兰、斐济、汤加、萨摩亚、库克群岛和澳大利亚七国共同发起，成立 "南太平洋论坛"。
1975 年	瑙鲁在中国台湾地区设立 "领事馆"。
1976 年	伯纳德·多威约戈担任总统。瑙鲁与美国建立外交关系。
1977 年	瑙鲁进行了独立后的第一次人口普查，人口约 7000 人。瑙鲁在澳大利亚投资的瑙鲁大厦建筑主体完工，它成为墨尔本最高的建筑。
1979 年	8 月 20 日，韩国与瑙鲁建立正式外交关系。中国驻斐济大使和中国武术团先后访问瑙鲁。
1980 年	5 月，瑙鲁同中国台湾当局建立 "外交关系"，台湾在瑙鲁设立 "领事馆"。
1981 年	瑙鲁政府和印度政府投资了磷酸盐合资企业。
1982 年	2 月 11 日，瑙鲁、巴布亚新几内亚、所罗门群岛、帕劳、密克罗尼西亚、基里巴斯、图瓦卢和马绍尔群岛 8 个太平洋岛国签订《瑙鲁协定》。
1983 年	7 月，湖南杂技团访问瑙鲁。

1986 年	7 月，瑙鲁签署了《南太平洋无核区条约》。
1987 年	1 月，瑙鲁民主党正式成立，由前总统肯南·阿迪昂创设。
1989 年	瑙鲁成立了瑙鲁举重联合会，斯蒂芬因在举重比赛中的出色表现，担任了协会主席。瑙鲁向国际法院控告澳大利亚在瑙鲁的磷酸盐矿开采行为，要求澳大利亚补偿过度开采造成的环境损害。联合国报告显示，由于受温室效应的影响，瑙鲁可能在 21 世纪沉入海底。
20 世纪 90 年代	世界金融市场危机不断，瑙鲁的投资遭遇重大挫折，加之磷酸盐供给力渐不支，瑙鲁的社会生活出现了混乱局面。
1990 年	8 月，瑙鲁与台湾当局宣布建立"全面外交关系"，台湾在瑙鲁的"总领事馆"升级为"大使馆"。
1991 年	瑙鲁成立了奥林匹克委员会，维森·德特那摩当选奥林匹克委员会主席。同年，瑙鲁电视台（NTV）成立。瑙鲁总统多威约戈就中国遭受自然灾害向中国政府表示慰问，并捐款 1 万美元。台湾与瑙鲁签订了技术合作协议，台湾不间断地向瑙鲁提供技术支持。
1992 年	7 月，中国台湾当局为瑙鲁修建饭店，还为瑙鲁兴建了一座发电厂。瑙鲁政府设立瑙鲁岛屿议会（NIC），在 1999 年自行解散。

1993 年　　　　　　澳大利亚同意向瑙鲁支付赔偿金。瑙鲁成立
　　　　　　　　　复兴公司。瑙鲁加入亚洲开发银行。6 月，瑙
　　　　　　　　　鲁前总统多威约戈访问印度，处理瑙鲁在印
　　　　　　　　　度磷酸盐投资资金问题。

1994 年　　　　　　5 月，瑙鲁提出了加入国际奥委会的申请。

　　　　　　　　　9 月，瑙鲁被国际奥委会大家庭接纳为成员。

1995 年　　　　　　瑙鲁宣布银行破产。

　　　　　　　　　9 月 6 日，瑙鲁政府宣布终止与法国的外交关
　　　　　　　　　系。

1997 年　　　　　　首届日本－太平洋岛国首脑峰会举办，瑙鲁
　　　　　　　　　总统参加峰会。

1998 年　　　　　　1 月 1 日，南太平洋委员会更名为太平洋共同
　　　　　　　　　体。

　　　　　　　　　5 月 27 日，中国外交部驻香港特区公署特派
　　　　　　　　　员马毓真会见了在香港进行私人访问的瑙鲁
　　　　　　　　　总统金扎·克洛杜马尔。

1999 年　　　　　　5 月，瑙鲁成为英联邦正式成员国。

　　　　　　　　　9 月，瑙鲁加入联合国。瑙鲁总医院和瑙鲁磷
　　　　　　　　　酸盐公司医院合并，成立国有瑙鲁共和国医
　　　　　　　　　院。

2000 年　　　　　　瑙鲁有一名学生在中国留学。

2001 年　　　　　　8 月，第 32 届太平洋岛国论坛首脑会议在瑙
　　　　　　　　　鲁举行，会议通过了关于地区自由贸易与经
　　　　　　　　　济合作安排的《太平洋紧密经济关系协定》
　　　　　　　　　（PACER）和《太平洋岛国自由贸易协定》

（PICTA）。

12 月，瑙鲁与澳大利亚签署难民问题备忘录，澳方在瑙鲁岛建立难民处理中心，并向瑙方提供资金援助。

2002 年　　在日本的援助下，瑙鲁在阿尼巴雷湾内兴建了阿尼巴雷港口，作为瑙鲁岛中央高原地区丰富磷酸盐矿石的外运港口。

7 月，瑙鲁与中国台湾当局断绝"邦交"关系，与中华人民共和国建立外交关系。

9 月，"太平洋岛国论坛驻华贸易代表处"在北京开馆，后改称太平洋岛国贸易与投资专员署（Pacific Islands Trade & Invest）。美国指瑙鲁为国际洗钱中心，并禁止美国的银行与瑙鲁存在商业联系。同年，瑙鲁设立了"残者不残中心"（Able Disable Centre）。

2003 年　　4 月，中国首任驻瑙鲁大使许士国向瑙鲁总统迪罗格·吉乌拉递交国书。

7 月，中国外交部部长李肇星致电瑙鲁总统兼外长斯科蒂，祝贺中瑙建交 1 周年。

8 月，中国外交部副部长周文重在出席太平洋岛国论坛会后对话会期间，会见瑙鲁总统哈里斯。前总统肯南·阿迪昂的儿子大卫·阿迪昂创立了瑙鲁第一党。

2004 年　　4 月，哈里斯总统来华进行工作访问，国家主席胡锦涛在人民大会堂接见哈里斯。

7月，澳大利亚官员负责管理瑙鲁财政。

8月，第35届太平洋岛国论坛首脑会议期间，瑙鲁正式向论坛请求援助。同年，瑙鲁议会通过一系列法案，限制境内金融不法行为。

2005年　　1月，瑙鲁总统斯科蒂访问泰国，与泰国正式建立外交关系，并在曼谷设立总领事馆。

5月14日，瑙鲁前总统斯科蒂不顾中华人民共和国政府反复劝阻和做工作，与台湾当局签署"复交公报"，宣布瑙鲁与中国台湾"复交"。

5月27日，中华人民共和国政府宣布中止与瑙鲁的外交关系和两国政府间的一切协议。

6月15日，瑙鲁加入国际捕鲸委员会（IWC）。

7月1日，瑙鲁磷酸盐公司正式改组为瑙鲁国有磷酸盐公司。同年，瑙鲁启动了《2005～2025年国家可持续发展战略》，首次为瑙鲁确定了一个国家长期战略性发展计划。由于瑙鲁在制止金融犯罪方面的行动，瑙鲁被从不合作国家名单中删除。

12月，由于国家没有及时偿还债务，瑙鲁航空公司唯一的一架飞机被美国银行质押。

2006年　　中国台湾当局向瑙鲁提供大额援助资金。同年，由于瑙鲁磷酸盐矿开采量减少，大量海外雇员回国，瑙鲁人数有所下降。瑙鲁登记人口为 9265 人。同年，澳大利亚政府关闭了在瑙鲁设立的银行。

9 月，瑙鲁航空公司以"我们的航空公司"的名称经营，每周两班从布里斯班飞往瑙鲁、塔拉瓦和马朱罗的航班。

2007 年　　3 月，澳大利亚向瑙鲁难民处理中心送去了来自斯里兰卡的寻求庇护者。印度向瑙鲁提供了车辆援助。

6 月，瑙鲁采用了"古巴扫盲方法"，提升公民受教育水平。

2008 年　　2 月，澳大利亚结束了向瑙鲁派遣寻求庇护者的政策，难民离开瑙鲁。澳大利亚瑙鲁难民处理中心关闭。印度政府提供 10 万美元，援助瑙鲁政府招聘教师。同年，印度还向瑙鲁政府提供了 18.6 万美元的援助资金，支持瑙鲁政府建设政府外派员工公寓项目。

11 月，财政部部长基兰·科克（Kieran Keke）宣布瑙鲁计划设立私人银行，以满足居民日常金融需要澳大利亚银行拒绝向瑙鲁提供银行服务。

2009 年　　瑙鲁宣布承认阿布哈兹和南奥塞梯为两个"独立"的国家。同年，政府启动了"瑙鲁非传染性疾病行动计划"，通过鼓励体育活动，加强营养教育，阻止酒精和烟草的使用，降低糖尿病和肥胖症的发病率。

2010 年	3 月，瑙鲁选民们拒绝宪法改革，这次改革旨在建立稳定的政府，加强公民投票权。议会选举斯蒂芬为总统，任期三年，结束了八个月的政治僵局。俄罗斯政府官员对瑙鲁进行了政治访问，以讨论对瑙方提供更大规模的援助。同年，*Mwinen Ko* 报创刊，属于社区报纸，每月出版一期。
2011 年	人口普查数据显示，瑙鲁人口已近 1 万人。
2012 年	6 月，瑙鲁加入了《残疾人权利公约》。
	9 月，根据新的离岸移民政策，澳大利亚在瑙鲁重新启动难民处理中心，并为瑙鲁人提供了 800 个左右的就业岗位。
	11 月，一些人权保护组织对澳大利亚的行为提出批评。英联邦秘书处承诺帮助瑙鲁应对气候变化和海平面上升带来的风险。
2013 年	3 月，瑙鲁成为《非物质文化遗产公约》的缔约方。
	6 月 11 日，巴伦·瓦卡担任瑙鲁总统，成为瑙鲁第十四位总统。
	8 月，瑙鲁政府对瑙鲁难民处理中心发生的骚乱进行有限制的报道，对媒体进入进行严格审查，记者一次入境签证费用提高到 7000 美元。
2014 年	2 月，斐济总统拉图·埃佩利·奈拉蒂考对瑙鲁进行国事访问。
	4 月，瑙鲁申请加入国际货币基金组织和世界

银行。

10 月 1 日，瑙鲁首次征收所得税，对高收入者统一按照 10% 的税率征税。

2014 年　　　《瑙鲁协定》成员国部长级会议决定，将围网捕鱼船许可证每船每天价格从 6000 美元上调到 8000 美元，各成员国每年总收入有了大幅度提升。

2015 年　　　1 月，日本非项目援助赠款为瑙鲁提供 100 万日元援助资金。瑙鲁总统巴伦·瓦卡对斐济进行国事访问。法国总统奥朗德向瑙鲁总统发出邀请，邀请其参加在法国举办的第 21 届联合国气候变化大会。

4 月，瑙鲁第一个 ATM 在埃瓦区设立。

5 月，瑙鲁政府关停本国的 Facebook 访问服务。同年，世界气候变化大会在巴黎召开，瑙鲁通过该组织发声，表达自己的环境诉求，以引起国际社会的关注。同年，瑙鲁政府批准澳大利亚本迪戈银行开业，该银行为瑙鲁提供了非常必要的银行服务。

11 月，政府宣布正式成立瑙鲁代际信托基金。

2016 年　　　4 月，瑙鲁成为国际货币基金组织成员，世界银行第 189 个成员。

4 月 21 日，由于面临诸多方面的压力，本迪戈银行关闭了在瑙鲁的银行业务。

7 月 13 日，巴伦·瓦卡在大选中获胜，继续担任总统。

9 月，日本向瑙鲁提供了经济和社会发展方案援助项目。斐济向瑙鲁派出 2 名教师志愿者，帮助瑙鲁教师提升教育技能。

2017 年

1 月，日本宣布继续向瑙鲁提供教师培训项目。

1 月 17 日，日本 – 太平洋岛国首脑峰会第三届部长级会议举行。来自澳大利亚、新西兰以及瑙鲁等 14 个太平洋岛国的外交部部长出席会议。

参考文献

一 中文文献

蔡育真：《澳洲对中美在南太平洋权力竞逐之回应》，台湾致知学术出版社，2015。

陈君：《瑙鲁——袖珍小国观光记》，《海洋世界》1999 年第 7 期。

地图出版社编《大洋洲及太平洋岛屿》，商务印书馆，1972。

房龙：《房龙讲述太平洋的传奇》，东方出版社，2005。

费晟：《瑙鲁资源环境危机成因再探讨》，《学术研究》2008 年第 9 期。

格林菲尔德：《资本主义精神——民族主义与经济增长》，张京生、刘新义译，上海人民出版社，2004。

龚培德：《西太平洋海权之争》，台湾"国防部"译印，2013。

韩铁如：《萨摩亚纪行》，上海科学技术出版社，2012。

何登煌：《太平洋岛国风情与风云》，台湾"商务印书馆"，2013。

姜若愚、张国杰主编《中外民族民俗》，中国物资出版社，2004。

廖少康：《南太平洋的区域合作》，《当代亚太》1995 年第 3 期。

刘必权：《世界列国志》，川流出版社，1967。

吕桂霞：《斐济》，社会科学文献出版社，2015。

吕学都：《联合国气候变化大会进展及展望》，《世界环境》2009 年第 1 期。

马克斯·顾安奇、隆·阿斯丹：《太平洋文化史》，蔡百铨译，台湾麦田出版社，2000。

施正锋：《思考台湾外交大战略》，台湾翰芦图书出版有限公司，2015。

施正锋编《台湾外交战略》，台湾翰芦图书出版有限公司，2013。

塔依米特：《南太平洋征旅：航海家的冒险乐园》，上海书店出版社，1999。

唐纳德·B. 弗里曼：《太平洋史》，东方出版中心，2015。

童元昭：《群岛之洋——人类学的大洋洲研究》，台湾"商务印书馆"，2009。

汪诗明、王艳芬：《太平洋英联邦国家：处在现代化的边缘》，四川人民出版社，2005。

王宇博、汪诗明、朱建君：《世界现代化进程·大洋洲卷》，江苏人民出版社，2012。

吴钟华：《南太不了情》，四川人民出版社，2006。

吴钟华：《中国的新朋友：蕞尔小国瑙鲁》，《世界知识》2002 年第 17 期。

小林泉：《太平洋岛屿各邦建国史》，刘万来译，台湾学生书局，1997。

徐明远：《出使岛国：在南太的风雨岁月》，中国华侨出版社，1995。

徐明远：《南太平洋岛国和地区》，世界知识出版社，2003。

徐明远：《一任三使风雨疾》，新华出版社，2009。

续建宜、刘亚林：《大洋洲诸独立岛国经济发展道路探析》，《亚太经济》1990年第1期。

杨聪荣：《太平洋国家研究新论：区域、国家与族群》，台湾巨流图书公司，2016。

喻常森：《国际社会对太平洋岛国援助的比较研究》，时事出版社，2017。

张伟：《南太平洋岛国在台海两岸的外交选择——以瑙鲁、基里巴斯与万那杜为例》，台湾东吴大学硕士学位论文，2012。

赵少峰：《图瓦卢》，社会科学文献出版社，2016。

二　英文文献

Chang – Hsun Hsieh; Samuela Korovo, *The glycemic control of adult population in Nauru*, Diabetes Research and Clinical Practice, 2016.

Creative Journals, *Nauru Travel Journal*: *Perfect Size 100 Page Travel Notebook Diary*, *CreateSpace Independent Publishing Platform*, Jou edition, December 7, 2016.

Ibp Usa, *Nauru Foreign Policy And Government Guide*, International Business Publications, USA, January 1, 2009.

Gowdy, John M. and McDaniel, Carl N. The Physical Destruction of Nauru: An Example of Weak Sustainability ［J］.

Land Economics, Vol. 75, No. 2. （May, 1999）.

Holmes, Mike. This Is The World's Richest Nation——All of It, *National Geographic*（Sept. , 1976）.

Manner, Harley I. , Thaman, Randolph R. and Hassall, David C. Phosphate Mining Induced Vegetation Changes on Nauru Island. *Ecology*, Vol. 65, No. 5.（Oct. , 1984）.

Taylor, Richard. Mortality Patterns in the Modernized Pacific Island Nation of Nauru. *American Journal of Public Health*, Vol. 75, No. 2,（1985）.

三　主要相关网站

http：//www. naurugov. nr/.

http：//dfat. gov. au/pages/default. aspx.

https：//www. cia. gov/index. html.

http：//www. mofa. go. jp/.

http：//www. forumsec. org/.

http：//www. spc. int.

http：//www. ohchr. org/CH/Pages/Home. aspx.

http：//www. un. org/.

http：//www. foreignaffairs. gov. fj/.

http：//www. mfat. govt. nz/.

索 引

新版《列国志》总书目

非洲

阿尔及利亚
埃及
埃塞俄比亚
安哥拉
贝宁
博茨瓦纳
布基纳法索
布隆迪
赤道几内亚
多哥
厄立特里亚
佛得角
冈比亚
刚果
刚果民主共和国
吉布提
几内亚
几内亚比绍
加纳
加蓬
津巴布韦
喀麦隆
科摩罗
科特迪瓦
肯尼亚
莱索托
利比里亚
利比亚
卢旺达
马达加斯加

马拉维
马里
毛里求斯
毛里塔尼亚
摩洛哥
莫桑比克
纳米比亚
南非
南苏丹
尼日尔
尼日利亚
塞拉利昂
塞内加尔
塞舌尔
圣多美和普林西比
斯威士兰
苏丹
索马里
坦桑尼亚
突尼斯
乌干达
赞比亚
乍得
中非

欧洲

阿尔巴尼亚
爱尔兰
爱沙尼亚
安道尔
奥地利
白俄罗斯

保加利亚

北马其顿

比利时

冰岛

波兰

波斯尼亚和黑塞哥维那

丹麦

德国

俄罗斯

法国

梵蒂冈

芬兰

荷兰

黑山

捷克

克罗地亚

拉脱维亚

立陶宛

列支敦士登

卢森堡

罗马尼亚

马耳他

摩尔多瓦

摩纳哥

挪威

葡萄牙

瑞典

瑞士

塞尔维亚

塞浦路斯

圣马力诺

斯洛伐克

斯洛文尼亚

乌克兰

西班牙

希腊

匈牙利

意大利

英国

美洲

阿根廷

安提瓜和巴布达

巴巴多斯

巴哈马

巴拉圭

巴拿马

巴西

秘鲁

玻利维亚

伯利兹

多米尼加

多米尼克

厄瓜多尔

哥伦比亚

哥斯达黎加

格林纳达

古巴

圭亚那

海地

洪都拉斯

加拿大

美国

墨西哥

尼加拉瓜

萨尔瓦多

圣基茨和尼维斯

圣卢西亚

圣文森特和格林纳丁斯

苏里南

特立尼达和多巴哥

危地马拉

委内瑞拉

乌拉圭

牙买加

智利

斐济

基里巴斯

库克群岛

马绍尔群岛

密克罗尼西亚

瑙鲁

纽埃

帕劳

萨摩亚

所罗门群岛

汤加

图瓦卢

大洋洲

瓦努阿图

新西兰

澳大利亚

巴布亚新几内亚

国别区域与全球治理数据平台

www.crggcn.com

"国别区域与全球治理数据平台"（Countries，Regions and Global Governance，CRGG）是社会科学文献出版社重点打造的学术型数字产品，对接国别区域这一重点新兴学科，围绕国别研究、区域研究、国际组织、全球智库等领域，全方位整合基础信息、一手资料、科研成果，文献量达30余万篇。该产品已建设成为国别区域与全球治理数据资源与研究成果整合发布平台，可提供包括资源获取、科研技术服务、成果发布与传播等在内的多层次、全方位的学术服务。

从国别区域和全球治理研究角度出发，"国别区域与全球治理数据平台"下设国别研究数据库、区域研究数据库、国际组织数据库、全球智库数据库、学术专题数据库和学术资讯数据库6大数据库。在资源类型方面，除专题图书、智库报告和学术论文外，平台还包括数据图表、档案文件和学术资讯。在文献检索方面，平台支持全文检索、高级检索，并可按照相关度和出版时间进行排序。

"国别区域与全球治理数据平台"应用广泛。针对高校及国别区域科研机构，平台可提供专业的知识服务，通过丰富的研究参考资料和学术服务推动国别区域研究的学科建设与发展，提升智库学术科研及政策建言能力；针对政府及外事机构，平台可提供资政参考，为相关国际事务决策提供理论依据与资讯支持，切实服务国家对外战略。

数据库体验卡服务指南

※100元数据库体验卡，可在"国别区域与全球治理数据平台"充值和使用

充值卡使用说明：
第1步 刮开附赠充值卡的涂层；
第2步 登录国别区域与全球治理数据平台（www.crggcn.com），注册账号；
第3步 登录并进入"会员中心"→"在线充值"→"充值卡充值"，充值成功后即可使用。

声明

最终解释权归社会科学文献出版社所有

客服 QQ：671079496
客服邮箱：crgg@ssap.cn

欢迎登录社会科学文献出版社官网（www.ssap.com.cn）和国别区域与全球治理数据平台（www.crggcn.com）了解更多信息

图书在版编目（CIP）数据

瑙鲁 / 赵少峰编著. －－北京：社会科学文献出版
社，2017.8（2022.3 重印）
　　（列国志：新版）
　　ISBN 978 - 7 - 5201 - 1284 - 0

　　Ⅰ. ①瑙…　Ⅱ. ①赵…　Ⅲ. ①瑙鲁 - 概况　Ⅳ.
①K965.5

中国版本图书馆 CIP 数据核字（2017）第 202391 号

·列国志·

瑙　鲁（Nauru）

编　　著 / 赵少峰

出 版 人 / 王利民
项目统筹 / 张晓莉
责任编辑 / 叶　娟
责任印制 / 王京美

出　　版 / 社会科学文献出版社 · 国别区域分社（010）59367078
　　　　　　地址：北京市北三环中路甲 29 号院华龙大厦　邮编：100029
　　　　　　网址：www. ssap. com. cn
发　　行 / 社会科学文献出版社（010）59367028
印　　装 / 唐山玺诚印务有限公司

规　　格 / 开　本：787mm × 1092mm　1/16
　　　　　　印　张：16.5　插　页：0.75　字　数：191 千字
版　　次 / 2017 年 8 月第 1 版　2022 年 3 月第 2 次印刷
书　　号 / ISBN 978 - 7 - 5201 - 1284 - 0
定　　价 / 59.00 元

读者服务电话：4008918866